近代中国における国語教育改革

激動の時代に形成された資質・能力とは

鄭 谷心
Zheng Guxin

日本標準

まえがき

　国語の果たす役割はきわめて甚大である。国語力は，すべての学力の基礎であるともいわれている。それは，どこの国でも，いつの時代でも変わらない。2002年，文部科学大臣・遠山敦子（当時）の諮問「これからの時代に求められる国語力について」では，国語力がその人間の能力を構成する大きな要素となっていると考えられるが，近年の日本人の国語力をめぐっては，言葉遣いや語彙，発表能力や文章作成能力などに種々の問題点を指摘する声が多いと述べられている。とりわけ，2009年のPISA（OECD生徒の学習到達度調査）では，日本の子どもたちは，読んで理解はできても考えを構造化して表現することが得意ではないとのデータが出ており，現在の教育が十分ではないことが指摘された（「第1回日本・OECD政策対話」2015年3月11日）。つまり，読む力だけではなく，それと連携して文章表現力（書く力）を育成することは，これから日本の国語教育においてますます重要になってくるだろう。

　そして，書く力を支える重要な柱が思考力である。近年，人工知能やテクノロジーが飛躍的に進歩し，変化の激しい時代にあって，資質・能力をベースとする教育への転換が各国の教育改革に見られる共通点である。単純なパターンの繰り返しは機械でもできるが，状況に合わせて柔軟に対応していくのが人間の特長である。それを国語教育の場合に置き換えて言うと，学んだ語彙・文法の反復・再生よりも，それらをさまざまな文脈に応じて使いこなせることが重要である。いわゆる，論理的に思考し，適切に判断し，効果的に表現する力がこれからの時代に求められる国語力の重要な内実であろう。

　しかし，はたしてそれだけなのだろうか。小・中学校こそが国語力を育成する重要な場であるとすれば，今一度，初等中等教育における国語教育の歴史，およびそのなかでの作文教育の位置づけを丁寧に追う必要がある。それに伴って，国語教育のなかで育成すべき資質・能力，ないしそれらをどのように育成するのかという方法論がおのずと見えてくるのである。

　本書は，以上のような教育方法論の視点から，近代中国における国語教育改

革の理論と実践を通して、学校教育のなかで育成すべき国語力の内実を明らかにすることを目的とする。なぜ、近代中国なのか。その理由として、二つが挙げられる。一つめは、近代中国は、何千年と続いた漢字・文章教育を支持する保守派と、デューイ学派と呼ばれた改革派とが激突する時代であり、最も自由かつ多様な教育実践が行われていたからである。とくに、1920年代前後から30年代末までの十数年間において、中華民国が成立するとともに、教科としての国語科のあり方の確立、近代語である白話文教育の成立、児童文学の隆盛、生活と科学を結合させる作文教育法の追求など、さまざまな進歩的な取り組みが行われた。しかしそのなかで、保守派との闘争や、学力低下論争がしばしば生起してしまう。そのような激動の時代において求められる国語力の内実と指導・評価を検討するなかで、現代のグローバル化社会における読解力や文章表現力の育成における方法論上の源流を探りたいと思う。

二つめは、近代中国における「国語」とその方法論の成立には日本からの影響が甚大なためである。近代学校に通用する「学制」という政策レベルのものから「国語」という教科レベルのものまでの多くが、近代中国は先行した日本から輸入したといっても過言ではない。また、国語教育学者である野地潤家は、大正期の中学校作文教育について、当時の日本の国文学者が著した「文章作法」には、「西欧・日本の作文法と中国のそれとの接合ないし混融も見られ、比較国語教育研究上、このことは注目すべき事象である」[1]と指摘している。つまり、近代中国という独自の土壌に日本から渡来した「国語」とそこで求められている国語力がいかに議論されてきたのかを整理することで、日本で求められている国語力に関する重要な論点を相対化することができると考える。

なお、本書は、近代中国における国語教育の一端を明らかにしようとするものであるが、筆者の未熟さゆえに、そのダイナミックな理論の転換や豊かな実践の内実を十分に伝えきれていない部分も多々ある。どうか、読書の方々には忌憚のないご意見、ご批正をいただければ幸いである。

1) 野地潤家「中国の作文教育―夏丏尊・劉薫宇合編「文章作法」を中心に―」『教育学研究紀要13』1968年、133-135頁。

目　次

まえがき

序　章　歴史的背景と本書の分析視角……………………………………1
　第1節　「国語」の成立と作文教育の位置づけ　1
　第2節　本書の構成と分析視角　6

第Ⅰ部　国語教育方法論の萌芽
――胡適を中心に――

第1章　文学による国語の形成…………………………………………11
　第1節　胡適に対する批判と再評価　11
　第2節　胡適におけるデューイ教育哲学の受容　13
　第3節　白話文学の提唱――精神の解放と思想の自由　17
　第4節　生きる文学と生きる国語の生成　19

第2章　胡適の国語カリキュラム論と方法論……………………………25
　第1節　白話教科書の成立　25
　第2節　児童文学の隆盛の意義　28
　第3節　中学校国語カリキュラムの構想　31
　第4節　作文教育の目標と方法をめぐる胡・梁論争　35
　小さなまとめ――近代国語教育方法論の萌芽とその課題　47

第Ⅱ部　国語教育論における継承と創造
――葉聖陶の場合――

第3章　国語教育標準の誕生と発展………………………………………53
　第1節　中国の国語教育における葉の位置　53
　第2節　旧教育への批判と提案　57

第3節　白話文教授の目的　60
第4節　中学校国語課程綱要の制定　62

第4章　葉聖陶の作文教育論……………………………………71
第1節　近代国語教授法の進展　71
第2節　デューイの「言語教授論」とその受容　74
第3節　葉の文章観の形成——胡・梁論争の解決をめざして　76
第4節　葉の作文教育方法論——胡・梁論争を乗り越えて　80

第5章　教材開発の実践——生活との結合をめざして………83
第1節　葉の教材論　83
第2節　『開明国語課本』の特徴　85
第3節　文例の分析——会話や日記を中心に　89
第4節　日本の『赤い鳥』における「生活」との比較　94
小さなまとめ——児童中心主義的カリキュラムの意義と課題　100

第Ⅲ部　国語・作文教育のもう一つの潮流
　　　　　—夏丏尊を中心に—

第6章　夏丏尊の国語教育論の形成……………………………107
第1節　国語教育における夏の位置　107
第2節　浙江第一師範学校における理論と実践　109
第3節　春暉中学校における動的教育　116

第7章　国語学力低下論争の勃発………………………………123
第1節　夏の教育活動の展開と『中学生』　123
第2節　中等教育の目的について　124
第3節　問題提起——生徒の国語学力は低下しているか？　125
第4節　論点の整理——生徒と教師の応答・議論　127

第8章　夏丏尊による国語教育方法に関する提案……………131
第1節　中高生が備えるべき国語学力とは　131
第2節　教材編成の基準と方法　133
第3節　国語学力の判断基準　136

第4節　夏による国語学力の改善策　139

第9章　中高生のための教材開発と授業づくり……………149
   第1節　国語教科書づくり──『開明国語講義』　149
   第2節　教育小説に表れた作文指導と学習評価　153
   第3節　「総合的な学習」への示唆──「触発」の方法論　160
   小さなまとめ──国語学力の規準化とその方法論の意義　167

終　章　国語力の内実とその教育方法論………………………171
   第1節　本書の結論　171
   第2節　今後の課題　177

あとがき　181

引用・参考文献　185

索　引　193

序章
歴史的背景と本書の分析視角

第1節　「国語」の成立と作文教育の位置づけ

　日本の現行学習指導要領の解説によると，国語科の内容は，「話すこと・聞くこと」「書くこと」「読むこと」という3領域と「伝統的な言語文化と国語の特質に関する事項」から構成されている。文章表現力は主に「書くこと」の領域において育成されるとされている。これは，現代では「語文」とよばれている中国の国語科と同じような内容構成となっている。

　しかしながら，中国において作文教育自体は中国の国語科が成立する前から重要視されていた。「書くこと」は，千年以上続けられていた科挙と深くかかわり，知識人が高い社会的な地位を獲得するための重要な武器であったためである。しかも，漢の時代から口語と文語がきわめて差が大きく，知識人の間でも，みな口では「白話」（口語）を喋り，筆では「文言」（文語）を書いていた。白話で文言を読むと，特殊な訓練を受けない限り，中国人にとってまるで別の言語のように聞こえるのである。そうした「文言」で書けるようになるためには，古典に用いられる豊富な語彙と，簡潔な文法と，さらには洗練された修辞法に習熟しなければならない。そのため，多大な金銭や時間や労力を要するのである。よって，「文言」は，科挙における共通語として定められており，知識階級が独占する書き言葉として20世紀初頭まで大きな力を占めた。

　一方，清代になると，科挙は儒学経典をひたすら暗記し，現実問題から目を逸らすような風潮を助長するようになり，また近代の産業革命の進展と新教育制度の発展の妨げとして，1905年に廃止されることとなった。その背後には，欧米の影響もあったが，最も大きな国際的な原動力は日本からきたものであった。日本の明治時期の国民教育系統を参考に作った『奏定学堂章程』は，1904年に清政府により発された，中国最初の近代学校制度を定めた教育法令である。

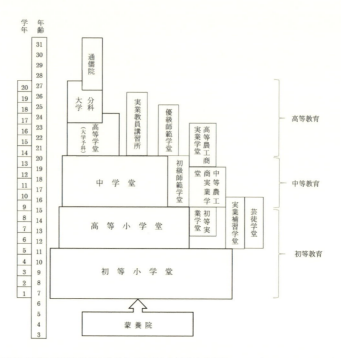

出典：陳学恂編『中国近代教育史教学参考資料』人民教育出版社，1986年，532-551頁をもとに筆者作成。

図序-1　1904年の「癸卯学制」における学校系統

それは，「癸卯学制」（図序-1参照）とも呼ばれる。「癸卯学制」によると，初等中等教育において，中国文字，中学文学，（儒教）経典の読解という科目があった。科挙が廃止された後でも，（儒教）経典は伝統的な言語文化の一つとして重要視されていた。つまり，近代学校の制度が成立したにもかかわらず，文言が依然として主流の書き言葉として用いられている。また，当時において，国語に準ずる内容は分化して存在しており，「国語」という教科がまだ成立していなかった。そうした状況のなかで，「実用文」を書くことが，新たに目標として設定されたことは大きな変化として指摘できよう。

1912年，アジア初の共和国である中華民国が成立すると，国語教育においてさらに重大な変化が起こる。同年，『普通教育暫行課程標準』が中華民国の教育部によって公布され，小・中学校における「中国文字」と「中国文学」の科

目を「国文」と改称するように定められた。また12月、中華民国の教育部が公布した『中学校令執行規則』では、「『国文』においては近代文を第一に教授すべく、それから近代的な古典を徐々に学ばせ、合わせて文字源流と文法要略、および文学史の大概を教え、生徒に実用的かつ平易な文章を作成させられるようになり、習字も兼ねるべきである」と、これまでの文学史、漢字と習字、文法要略および作文教育全般が中等教育段階における国語科として統合された。つまり、この時期になると、複数分化して存在した国語教育の内容はようやく「国文」という一つの教科に統合した。だが、「国文」という言葉は、「統一された文字」と「文言による作文」を中心とする国語教育を意味しており、言文不一致の状況が小・中学校の教育においてそのまま続いていることを反映している。

そうした状況に一石を投じたのは1919年の白話文運動であった。白話文とは、各時代を通して民衆のなかで話されていた口語を反映させようとする書き言葉のことである（その口語的な性質を強調する際、「白話」と略した場合も多い）。明・清の時代になると、「白話小説」という通俗的な文体として大衆に親しまれるようになった。そうした小説に使われる白話文によって革命を引き起こそうとしたのは胡適を代表とする、ヨーロッパ文明や日本の大正デモクラシーに影響を受けた近代中国の知識人であった。1917年に胡が雑誌『新青年』に発表した「文学改良芻議」をきっかけに、同誌を主な拠点として、難解な文言文を廃し白話文に基づく文学を提唱した白話文運動が起こった。それが「文学革命」とも呼ばれている。なぜ「革命」という言葉が使われたかというと、文言の特殊な権威が王朝体制の「礼楽」秩序の根幹をなす「文章」観念に由来した以上、白話文が正統性を勝ち得るためには、王朝制自体の崩壊を前提とする文学言語の解放が必須だからである。「文学革命」はまさしく、近代中国における言文一致運動と国語改革を呼び起こす重要な事象となった。

その影響を受け、1920年1月、北洋軍閥政府の教育部は国民学校（小学校）1、2年生の「国文」を「国語」と改称する旨、および1922年までに編纂された文言教科書を一律廃止、白話文に改める旨を命令し、併せて「国語の要旨は、児童に普通言語文字を学習させること、思考を発表する能力を養うこと、そしてその智・徳を啓発することにある」とした。もともと「国語」という用語は清

末から使われはじめている。それは日本の「国語」に由来している。1902年，日本を視察した清の教育者である呉汝綸(1840-1903)は，明治維新後の日本の国語統一政策に感銘を受け，帰国後北京語を標準とする国語を実施するよう管学大臣に意見書を送ったこともある。つまり，国語とは，すなわち，北京語を標準語とする白話を指し，国文科が国語科と改称されたことと文言教科書が廃止されたことは，白話文運動の成果であり，初等教育では言文一致の国語科が正式に成立したことを象徴する出来事であった。

続いて，1921年10月から1ヵ月にわたって全国教育会連合会第7回大会が行われた。大会において学制の改革が議論され，「共和国の体制に基づき平民教育の精神を発揮する」趣旨のもとに，学校システムを初等教育，中等教育，高等教育の3段階に分ける「学制系統草案」が提案された。1922年11月に，北洋軍閥政府の教育部は全国教育会連合会で決議した草案を訂正し，『学校系統改革令』として公布した。これがすなわち，アメリカの6・3・3制をモデルとする「新学制」(「壬戌学制」)である。「新学制」では，中等教育は初級中学校と高級中学校に分けられ，初級中学校［日本の中学校に該当する］から科目選択制と単位制度が導入され，高級中学校［日本の高校に該当する］カリキュラ

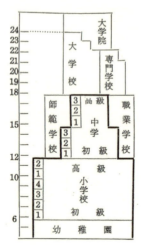

出典：陳青之『中国教育史』商務印書館，1936年，116頁。

図序-2　1922年の「壬戌学制」における学校系統

ムは普通科，師範科，職業科の3種のコースから構成されている。初級中学校を卒業するのに必要な単位は180であり，そのなかの164単位が必修である。つまり，学制系統改革および「標準課程概要」のなかに中等教育がとくに強化される意図が体現された。

同年，胡適が中心となった新学制課程標準起草委員会（以下，起草委員会と略す）が全国教育連合会によって組織され，そこで小学校から高校までの国語科における課程標準が，呉研因（1886-1975），葉聖陶，胡適，穆済波（1889-1976）によって起草された。さらに，1923年に北洋軍閥政府の教育部の審議批准を経て施行された『新学制課程標準綱要』では，国語教育の目標，教材・宿題，教授法，および卒業時に到達すべき最低水準が記されている。これは，中国の国語教育史上において近代教育科学に依拠した最初の国語教育の課程標準であった。

作文教育の位置を見ていくと，呉研因が起草した「小学校国語科課程綱要」（1923）により，「書くこと」は言語文字項目の2番目に位置づけられ，内容としては，初級小学校（4学年）まで，「白話文の簡単な記述文，実用文を書くことができる。また読み手にその大抵の意味を理解してもらうことができる」と規定される。さらに，葉聖陶が起草した「初級中学校国語課程綱要」（1923年）における教育目標としての三つめに，「生徒に，文法に合致し，筋の通った文章を書ける能力をつける」とされることから，作文教育は国語教育の一分野でありながら，論理的な文章を書く方法として扱われたことが伺われる。

このように，中国における「国語」教育の成立史を概覧すると，国語科の創始以前，およびそれ以降，「書くこと」の教育が主流であったことが理解できよう。また，中国の学校における国語科の成立過程は，白話文が書き言葉として正式な地位を獲得する過程に等しいともいえる。国語科が成立して以後，白話文の作文指導は，多くの国語教育者によって熱心に取り組まれ，模索を重ねつつ開拓されてきた。それは，国語教育の目標に限らず，教材，教授法，評価のさまざまな教育方法の蓄積として今日の教育に示唆を与えるのである。

第 2 節　本書の構成と分析視角

　本書では，人物研究を中心とする教育方法論のアプローチを主軸として，近代中国における白話文教育方法論が成立する系譜，およびそのなかで育成すべき国語力の内実を明らかにする。その中心的な人物は，胡適，葉聖陶，夏丏尊の3人であり，近代中国を代表する国語教育者たちである。この3人の国語教育改革の理論と実践は，実は内憂外患の状態にあった近代中国の独特な社会情勢と，そこにおける国語教育に内在する学力の観点を中心に据え，関連しあって発展しているということが本書の検討によって明らかにされるだろう。大まかな年表と人物の関係を，下記（図序-3）に示す。

　ここではまず，中心的な論点として3点を挙げておこう。一つめは，初等・中等の国語教育において必要最小限の国語力をどのように捉えればいいのか，という点である。当時の白話か文言か，鑑賞力か記述力か，国語学力が低下したかどうかに関する論争，および国語標準づくりの実践がこの点に関連してくるだろう。二つめは，題材選びをどのように行えばいいのかという点である。その際，新教育の流れと児童文学との関連，および，初等教育と中等教育の相違に留意して検討していきたい。三つめは，当時，求められている科学的な作文教授法は一体，どのようなものなのかを検討することである。具体的には，

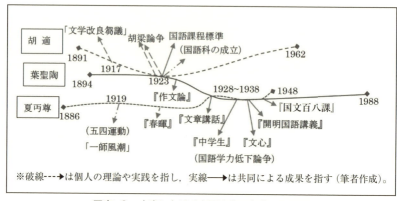

図序-3　本書における主要人物の年表・関係図

以下のような3部構成となっている。

第Ⅰ部では，国語教育方法論の萌芽として，新しい白話文学を国語の統一に結び付けて中学校国語カリキュラムの形成に貢献した胡適の理論を中心に検討する。第1章では，文学による国語の形成の理念と方法を明らかにする。第2章では，それらの理念を中学校の国語カリキュラムと作文教授法として具現化しようとする試みとそれに関する論争を取り上げる。

第Ⅱ部では，胡とともに課程標準を作り上げ，新しい作文教育の理論を編み出し，教材開発にも尽力した葉聖陶の理論と実践を検討する。この部分は三つの章から構成される。第3章では，白話文教育の目的についての葉の検討をふまえ，国語教育の目標と内容の改革の実態を明らかにする。第4章では，葉の作文教育論を中心に取り上げ，さまざまな時代背景を考慮しつつ，葉はこれまでの論争から何を乗り越え，また何を継承し，発展させたのかを検討する。第5章では，生活との結合をめざした葉の教材開発の実践として，小学校国語教科書の『開明国語課本』を取り上げる。とくに，葉がイメージした子ども像とその子どもたちの「生活」とは何か，作文として何を重視するのかという基準を明らかにするために，同年代の日本の児童文学雑誌『赤い鳥』における子ども像や文芸作品との比較検討を行う。

第Ⅲ部では，国語・作文教育のもう一つの潮流として，夏丏尊の理論と実践を検討する。この部分は四つの章から構成される。まず，第6章では，夏の教育に関する理念の形成にとって重要な影響を与えた理論と実践を取り上げる。続いて，第7章では，1930年代国語学力低下論争の勃発の経緯，およびそこにおける論点の整理を行う。第8章では，それぞれの論点に対応する夏の現実打開策としての教材論・評価論と作文教授法に関する提案を検討する。さらに，第9章は，夏の教材開発と教授法づくりの実践を取り上げて，国語教科書と作文教授の方法論における新しい成果と課題を考察する。

そして終章で，激動の時代に形成された国語力[1]の内実についてまとめる。

1) 本書では，国語力を，幅広く社会人なども含んだ，自国語を運用・創造するための資質・能力と定義する。一方，国語学力とは，学力として測ることのできる，学校教育のなかで児童・生徒が身につける資質・能力のことを指す。

第Ⅰ部
国語教育方法論の萌芽
―胡適を中心に―

第1章
文学による国語の形成

　現代において，文学教育は言語教育と並んで国語教育の中核をなす役割を果たしてきた。とりわけ，日本の国語教育では，児童生徒に「情緒力」を身につけさせるために文学作品を「読む」ことが重要視され，「論理的思考力」の育成は「書く」ことが中心になると考えられていた[1]。はたしてそれは適切なのだろうか。そもそも，どのように文学を批評するのかと，どのように読み書きの教育を行うかとは，違う問題提起である。また，「論理的思考力」などはどのように育成するのかという方法的な問いと，何のための国語教育なのかという目的的な問いも異なる。一方，近代中国では，これらの問いが胡適を中心とした白話文運動によって統一されるようになった。そこに見いだされた答えによって，国語教育とその教材のあり方が大きく変化した。本章では，まず，これまで胡適に対する批判や評価をふまえたうえで，胡の「思考」論を検討する。次に，それによって国語と文学の関係や，国語教育自体がどのように変化していったのかを明らかにする。

第1節　胡適に対する批判と再評価

　中国において，白話文・国語運動の発端およびその展開において，胡の功績は甚大であったと評価されている[2]。しかしながら，マルクス主義を国是としている共産党政権下において，1950年代以降，胡適思想は売国ブルジョワジーの思想として糾弾され，歴史の表舞台から消えていった。そして，1954年から，デューイの教え子である胡に対して，2年の間に数百万字の批判文章が発表された[3]。それは哲学，文学，歴史学，政治，教育などさまざまな分野にわたっていた。
　当時，アメリカに亡命していた胡はこれらの批判論文を集めて目を通した結果，「反論する必要はない」と判断した。なぜなら，当時の批判のほとんどは

米ソの冷戦構造を反映したイデオロギー批判に直結していたためである。たとえば，羅根澤は，「あの頃，私たちは新しい文学にはどのような内容があるべきかを，言いようもなかった」（『新文学大系建設理論集』）という胡の断片的な言葉を挙げて，胡は形式主義の代表であると批判している[4]。加えて，羅は「胡が自ら外国帝国主義文化・文学を宣伝し」，「その最大の目的はマルクス・レーニン主義の普及を阻止すること」[5]であると胡の白話文・国語理論をイデオロギー批判問題に直結させている。

　一方で，林淡秋は，「胡の『建設理論』の『実験』，創作の実践の『試み』はすべて文学の形式問題を解決するためのものであり」，「形式で内容を決定する唯心論である」[6]と説明している。それに対し，「内容で形式を決定するマルクス主義の唯物論」[7]のほうが正しいと述べている。つまり，新しい社会主義国家を建立したばかりの1950年代において，マルクス主義という思想と価値観を中国の主流として樹立するために，胡の文学観が絶好の批判対象として利用されようとしていたのである。しかも当時，「マルクス主義を擁護してくれたら，北京大学の学長でもなんでも昔のままにすることができる」という毛沢東の誘いに対して，胡は「信念を変えると，私でなくなる」と断り続けたのである[8]。胡が固持した信念とは一体どのようなものなのか，彼がめざした新しい文学と国語教育の具体像はどう描かれていたのか，これらを明らかにする必要がある。また，胡の国語教育改革論は「形式で内容を決定する唯心論」[9]と論難されているが，はたしてそうなのだろうか。当時の状況・文脈をふまえつつ，あらためて胡の理論を検討しなければならない。

　1970年代以降，中国の改革開放をきっかけに胡の理論は再び注目されはじめた。たとえば，胡の文学・言語思想の形成，および哲学史における位置づけなど史的な視角から研究するものもあれば，人権についての彼の言論・自由・思想を新聞学・メディア学や社会学の視点から考察するものもある。また，「健全なる個人主義」というような現代的観点から胡の白話文運動における理論を検討する先行研究もある。日本においても，胡に関する研究は，哲学史と文学史の分野においてなされている。山口栄は，1950年代半ばの胡適思想批判運動が起こった時期におけるジョン・デューイ[10]と胡の関係から，胡の教育思想におけるプラグマティズムの影響を解明しようとした[11]。大原信一は，文学

史的な観点から胡の白話文・国語運動における役割に着目した[12]。しかしながら，いずれの研究も教育方法論の視点からの検討は行われていない。ゆえに，胡の教育思想の形成と国語運動において果たした役割だけではなく，そこにおける胡の国語教育改革および教授法に関する方法論とは何か，当時の中国において国語教育が直面していた独自の課題，いわゆる形式と内容，国語と文学，白話文と漢文の二元論について，胡がどのように捉えたのかを次節において検討する。

第2節　胡適におけるデューイ教育哲学の受容

　胡の国語と文学に関する理論はデューイの影響を受けて形成されたというのが一般的な認識である。しかし，具体的な方法論として，胡はデューイ教育哲学をどのように受容して発展させたのかがいまだに明らかにされていない。

　まず本節では，胡の経歴を追いながら，デューイ教育哲学に対する胡の捉え方を検討する。そして次節では，その方法論がどのように中国における白話文学と国語教育改革に応用されたのかを分析する。

　胡は，1891年に江蘇省川沙県（現・上海市浦東新区）で生まれ，5歳から籍地の安徽省績渓県の私塾に通い，9年間で古典に関する基礎的な知識と修養を身につけた。その後，上海の梅渓学堂，澄衷学堂で勉学に励むなかで，初めて西洋文化に接触し，梁啓超（1873-1929）の「新民説」や厳復（1854-1921）の『天演論（Evolution and Ethic）』[13]に影響を受けた。1906年，上海中国公学に合格し，さらに1910年に官費留学生としてアメリカのコーネル大学へ渡った。入学当初は農学を学んだが，後に文学部に転学した。1915年にコロンビア大学の研究院に入り，デューイのもとでプラグマティズムの哲学を学んだ。1917年，胡はコロンビア大学の哲学博士の試問を終え，北京大学文系の教授として赴任するとともに，雑誌『新青年』の編集にも携わるようになった。「民主と科学」のスローガンを掲げた陳独秀とともに文学改革と白話文学を提唱し，新文学と白話運動を推進した。

　1919年4月，胡や陶行知（1891-1946）などの招聘に応じて，デューイは日本での講演活動を終えて中国を訪れた。その滞在は1921年7月までの実に2年2ヵ

月にわたった。1921年に，胡が書いた論文「杜威（デューイ）先生と中国」によると，デューイは中国滞在の間，「奉天（遼寧）・直隷（河北）・山西・山東・江蘇・江西・湖北・湖南・浙江・福建・広東の11省に赴いて講演した。彼の北京での5大講演の記録集は（2年のうちに）十数版を重ねている。また，山西・南京・北京の学術講演会等における小規模な講演の記録が数え切れないほど出されている」[14]という。

そもそも中国では，19世紀末期から，清政府の洋務派により教科教育が導入され，近代の「新式」学校がやっと建設されるようになった。20世紀初期になると，世界的な規模で新教育運動が広まり，中国では新文化運動[15]が生まれ，平民教育，職業教育，実用主義教育，教育測定・心理測定等のさまざまな教育思想が学校のなかで推進された。そのなかにあって，とくにデューイの提唱した「学校即社会」「教育即生活」という教育哲学思想が脚光を浴びた。たとえば，1920年，デューイは南京での講演において，理想の学校について次のように語った。「学校というものは，ほかのなにものでもなく，過去，現在，未来の社会生活の道具をすべて縮小して集めて，……つまり，学校は社会の縮図である。したがって，学校は現在の社会生活にとって重要であり，将来の社会改革にとってもとても重要である」[16]。これは，従来の社会生活と無関係な，閉ざされた学校像を一変することを意味しており，当時の封建制度の完全撤廃を望んだ中国民衆にとって，学校と社会，教育と生活の一体化によって民主主義社会への改革を実現しようという希望をもたらした。

そして，1919年5月から1921年7月までの2年2ヵ月の間に，デューイは，中国の要望に応じるように，教育の傍観者から教育改革の指導者へと変身し，中国教育を民主主義の軌道に導くように積極的に働きかけていった。そこで，胡は，「中国と西洋文化とが接触して以来，中国の思想界に影響を及ぼした外国学者の中で，彼に及ぶものはなくて，将来の何十年にわたってもないだろう」[17]とその影響力を評価している。さらにデューイ訪中の主な招請人であり，中華民国の初代教育総長である蔡元培（1868-1940）は，デューイ思想を新教育主旨の理論根拠として言及し，デューイを「西洋の孔子」とたとえて賞賛した。

デューイが帰国した後，胡適は，中国近代思想史を整理しながら，デューイの教育哲学を，あらためて自身の論文「実験主義」のなかにおいて整理し，紹

介した[18]。胡によると，プラグマティズムは日本人によって「実際主義」と訳された哲学思想である。そこにはさまざまな流派が存在した。そのなかで，とくにデューイはプラグマティズムの方法論の側面を重視し，自らを「道具主義 (Instrumentalism)」と称した。それに対して，胡は，デューイ派プラグマティズムを「実験主義」と名づけたのである[19]。「実験主義」は，進化論と19世紀の科学の発達の影響を大きくうけたものであり，科学の方法を哲学上で応用したものであるということである。進化論の影響とは旧派哲学の根本となっていた「種の不変説」の崩壊である。一方，科学の発達からの影響は科学の法則は人為的なものであり，その法則はあくまで仮定にすぎず永久不変のものでないということである。そこで，「実験主義」の二つの根本概念が「科学試験室的態度」と「歴史的態度」として挙げられている。「科学試験室的態度」とは，真理というものはあくまでも応用のための仮説であり，実際に真実性があるかどうか検証されないと認められない，ということである。「歴史的態度」とは，物事がどのように発生し，どのような経緯をたどって現在まで至ったのかを明らかにしようという態度である。

　胡によると，デューイは従来の経験，知識，思考，生活の意味を捉え直し，とくに思考がきわめて重要な役割を果たしていると主張している。その理由は，思考はすでに知っていることを用いて未知の物事を推測すること，未来を予測すること，および経験を豊かにすることができるものであり，人類が新天地を創造することができる唯一の道具である，ということである。それは「創造的智慧 (Creative Intelligence)」と呼ばれている。つまり，「実験主義」哲学の最大の目的は，創造的思考力をどのようにしてもたせるかにあると，胡は解釈している。その思考論について，胡は次のように述べている。

『思考』とは一体何の意味だろう。一つめに，「考えてみたら，憂鬱になってしまった」という芝居のときのセリフがあるが，ここでの「思考（考え）」は「回想する」「思い出す」ということである。二つめに，「あれこれ考えないで」という言い方があるが，ここでの「思考（考え）」は「妄想」であり，デューイがいう「思考」ではない。デューイによれば，「思考」は，すでに知っていることを根拠とし，別のことを推測することにある。これは論理学上

第1章　文学による国語の形成　15

で,「推論(Inference)」と言われており,根拠のある,筋道のある論理的な過程である。「思考」には,困難で迷いが生じる状況が最初にあるべきである,この困難を解決するための新しい情報を収集する作業が必要である,という二つの大きな特徴がある[20]。

そして胡はデューイの「実験主義」論に即して,思考の段階を五つに分けて論じている。それは以下のようなものである[21]。

①困難で迷いが生じる状況。
②その迷う点の所在を特定する。
③迷いを解決する方法をいくつか仮定する。
④それぞれの仮定の結果を見て,どの仮定が最も有効であるかを判定する。
⑤判定された仮定が正しいものならば,それが人に信用されるように証明する。または誤りなら信用させないようにする。

ここにおいて,胡は,デューイの著作 *How We Think*(思考の方法,1910)と *Democracy and Education*(民主主義と教育,1916)を参照したと述べている。はたして,デューイの考えを,胡はそのまま受容したのか。1910年に発行された『思考の方法』では,デューイは「反省的経験」の具体例から「思考の過程」を分析し,その過程において論理的かつ明瞭的な段階の特徴を見いだそうとしている[22]。また,1916年に発行された『民主主義と教育』を読むと,デューイは「反省的経験の一般的性格」として,さらに問題解決的な学習の骨格として5段階のプロセスを提案している[23]。つまり,人に信用させるというよりも,むしろ,個人の内面における反省的な思考によって探究的な活動を促進するような働きを提示している。

一方で,胡が捉えた「真正な思考の訓練」の目的は,「人に真正かつ切実な経験を仮説の源としてもたせること,人にさまざまな仮説を判断し,批評する能力を育成すること,人に仮説の是非と真偽を証明する方法を作り出させること」[24]にある。つまり,胡はデューイの「実験主義」における「反省的な経験の一般的な性格」を捨象し,信頼性を追究するような歴史的な態度,論理的な思

考力などを「創造的智慧」の中身としてとして捉えた。また，そのような方法論を応用することによって，胡は，権力者は独断に走り，民衆は迷信や権威を盲信し，盲従するといった当時の社会全体の風潮を変えようとしたのである。つまり，プラグマティズムが中国に紹介された当初からすでに解釈のズレが生じており，それは当時の中国の社会情勢下においてある程度不可避であった。

　さらに，歴史学者である余英時の研究においても明らかにされたように[25]，胡適がもつ実証的方法論は，彼がデューイを知る前から，すでに清代考証学[26]などからヒントを受けていた。考証学は，中国において，清代に入って流行した学問であり，諸事の根拠を明示して論証する学問的態度のことをいう。考証学においては，最も重要なのは「疑問の余地を残さない」という信頼性であった。そのために，思考の五つめの段階に，信頼性を証明するような解釈を置くという立場を胡はとったのである。むしろ，こうした発想がもともと彼にあったからこそ胡はデューイに関心を向けた。つまり中国において考証学以来，内発的に展開してきた実証的方法論にデューイのプラグマティズムが接合されたものと解される[27]。

第3節　白話文学の提唱——精神の解放と思想の自由

　では，胡がプラグマティズムと接合した実証的方法論をどのように中国において応用したのか，次に彼の白話文学の提唱について検討する。1917年1月，胡が民主と科学の理念を掲げた『新青年』に投稿した「文学改良芻議」を取り上げよう。これは，言うまでもなく，胡が近代中国に向けて発した最初の思想解放のメッセージであった。「文学改良芻議」において，胡は自分の主張を次の8項目にまとめている[28]。

　　一つめに，文章・言論の内容を充実させなければならない（須言之有物）。
　　二つめに，古人をまねない（不摹倣古人）。
　　三つめに，文法を重んじなければならない（須講求文法）。
　　四つめに，むやみに呻吟する文を書かない（不作無病之呻吟）。
　　五つめに，陳腐なきまり文句をできるだけ除く（務去爛調套語）。

六つめに，典故(てんこ)を用いない(不用典)。
七つめに，対句にとらわれない(不講対仗)。
八つめに，俗字・俗語を避けない(不避俗字俗語)。

　一つめにおいて，胡は，「情(情感・美感)」を文学の魂，「思(見地・知力・想像力)」を文学の価値として捉えている。この両者を有する文学が，充実した内容をもつと述べている。二つめの古人をまねないことは，「昔の人の詩ではなく，ひたすら自分自身の詩を作るべきだ」という主張である。つまり，文学作成において個性と自我(個我)をもつことの大切さを語っている。四つめは，当時の若者が作成した詩や文章のほとんどが悲観的であることを批判する立場から発するものである。以上の三つの項目を，胡は「精神上の革命」と位置づけている。残りの五つの項目を胡は「形式上の革命」と位置づけた。

　次に，「文学改良芻議」では，胡は初めて文言に代わって白話を作文の道具として用いることを提唱した。加えて，「白話文学こそ中国文学の正統であり，将来の文学に必要な利器である」と強調している。彼は，「今日の作文や詩は，俗語・俗字を採用すべきである。三千年前の『死んだ文字(死字)』よりも，20世紀の『生きた文字(活字)』を用いたほうがいい。普及していない秦漢六朝時代のものより，誰もが知っている『水滸伝』『西遊記』の文字がよほどいい」[29]と述べている。つまり，胡は俗語・俗字という大衆文化の産物を方法・手段として，生き生きとした文学を作ることで精神上の革命をめざしたのである。

　さらに，1919年の「談新詩」『星期評価』(双十節記念専号)において，胡は明確に文学革命における形式の役割について説明している。「文学革命の運動は，古今東西に問わず，大概『文章の形式』から手をつけて，言語文字と文体の解放をまず要求するのである。新しい文学の言語は白話であり，新しい文学の文体は自由で，型にはまらないものである」[30]という。つまり，古来の文学革命は「文章の形式」から起こすことが多いという事象を述べ，その特徴として言語が平易になり，文体が自由になることを胡は指摘している。

　一方で，胡は形式と内容のつながりをかなり意識している。彼は，「形式と内容とは密接な関係にある。形式上で束縛されては，精神が自由に伸びず，優れた内容も十分に表現できない」とし，解放された新しい形式で「新しい思想，

新しい精神を運びたい」という。つまり，白話の文字と文体の自由というのは，形式上のものであると同時に，新しい思想と新しい精神のある内容のために働くものだと彼は捉えている。胡は言語文字と文体の改革という手段・方法を選んで，精神の解放と思想の自由という目標を実現しようとしていた。明らかに，彼は「形式主義」ないし内容と形式の二元論に反対する立場に立っているのであった。

第4節　生きる文学と生きる国語の生成

　近代中国において，文学と国語は最初から関連づけて論じられるものではなかった。そもそも，中国の文学の起源は口語文学であった。それが文字として記録されたのが『詩経』という詩集である[31]。白話文運動をリードした陳独秀，胡適らは，最初は国語と文学を違うものとして捉えていた。『新青年』の陣営において，文学と国語の研究や改革の手続きについて，さまざまな議論が起こった。

　まず陳独秀は，『新青年』第3巻第2号での「通信欄」では，次のように述べている。「白話文学の遂行には，三つの要件がある。最初に，比較的に統一された国語を有しなければならない。次に，国語の文献・典籍を作らなければならない。また，有名人は皆国語で本を書いたり，言論を立てたりしなければならない。これらの事は，そう簡単なことではないゆえ，一挙にやってしまうことはできないのである」[32]。つまり陳は，文学と国語の関係を意識したが，教材づくりという実践レベルにおける国語教育のあり方までは考えていなかった。大まかな流れとして，「国語研究」を通して「統一した国語」の標準を作り，それをもとに「国語の文献・典籍」を編纂し，最終的に白話を文章作成の実践に取り入れようという一連の改革を考案したのである。当時，多くの学者がこの流れに賛成し[33]，「国語の統一」を優先的に考える立場に立っていた。

　しかしながら，「国語の統一」を優先する立場に対して，胡は異論を唱えた。それは，1918年に『新青年』第4巻第4号に掲載された胡の「建設的文学革命論」においてである。この論考は，1年前に掲載された『新青年』読者からの次の意見に応えるものでもあった。

「破壊するのは易しいが建設するのは難しい。これから，先生は前向きで建設的な面を重視していただきたい。……学校の教科書はどのように編纂すればいいのか，自修のための書籍をどのように選定すればいいのか，これこそ今日研究しなければならない喫緊の課題である」[34]。これは「陳独秀への手紙」という名義で送られた現職の教師の意見であった。

この手紙が大きな反響を呼び，上海の新聞『申報』において，全国各地の教育者は言語不一致の問題を解決するために集まり，各地の方言を調査したうえで標準語を選定し，それを用いた国語辞書と教科書を編纂しようという趣旨を掲げた中華民国国語研究会が組織されたという記事が一面を飾った[35]。これは基本的に陳独秀の提案に即した国語改革の動きであった。ただし，白話を教育に繋げようとする場合，具体的にどのような白話を，いかに教えたらいいのかという問題が未解決のままであった。

それを意識してか，胡はあえて論文のタイトルに「建設的」という言葉を用い，序文において「これまでの『八不主義』（1. 内容のないことを書かない。2. 病気でもないのにうめかない。3. 典故を用いない。4. 陳腐なきまり文句を用いない。5. 対句を重んじない。6. 文法の構造に合わない文を作らない。7. 古人を模倣しない。8. 俗字俗語を避けない。）はすべて破壊的・消極的な言い方であったが，去年帰国してから，各地の演説では，それらを全部肯定的な言い方に改めた」[36]と述べる。そして本文では，胡は，文学革命の唯一の宗旨は「国語的文学，文学的国語」の10字につきるという。「国語には文学がないと，命も価値もなく，成立することも発達することもできない」[37]。それを証明するために，彼は，イタリア，イギリスの事例をもって，国語の形成には，文学が大きな力を発揮したことを論じている。さらに，「中国の新しい文学に用いられた白話は，将来の中国の標準国語である」[38]と予言している。つまり，生きた国語（白話）を用いて生きた文学を創造していく（国語的文学）とともに，国家・民族としての本当に生き生きとした価値のある言語（文学的国語）を形成していく必要性があるということである。

また，胡は，陳独秀らの「三つの要件」という考えに対して，国語はたんなる「何人かの言語学者によって作られるものではなく，何冊かの国語教科書や国語辞典によって作られるものでもない」[39]と批判している。国語教科書と国

語辞典を作るのは、喫緊の課題ではあるが、決して国語を作る利器ではない。本当に効力のある国語教科書は、国語の文学である。すなわち、国語の小説、詩や散文、および脚本であるという。ここでは、彼は国語教育に関する教材の形式と内容について言及したのである。つまり、胡にとっては、文学そのものに価値がある。ゆえに、文学を教育のなかで応用することを考え、文学から構成する国語教育がめざされた。

さらに、胡は「国語的文学、文学的国語」という理念だけではなく、それを実現するために、「①道具、②方法、③創造」という三つの段階の国語教育改革の方法論を『建設的な文学革命論』において提案した。

①の道具について、「道具は白話である。国語文学を創造しようとする人は、この道具を以って準備しなければならない」[40]という。この「道具」を準備する方法としては、「甲、モデルとなる白話文学を多く読むこと」と「乙、白話でさまざまな文学作品を書くこと」を紹介する。つまり、「読むこと」と「書くこと」という二つの基本的な国語教授・学習の方法論が強調された。

②の方法については、いわゆる作文教育の方法論ともいえる「文学的方法」である。それには次の三つの種類があるという。第1は材料を収集する方法である。さらにこの方法を「甲、材料の範囲を広めること」、「乙、実地の観察と個人の経験を重視すること」、および「丙、生き生きとした綿密な想像力 (imagination) をもって観察と経験を補助すること」の三つに分けている。ここでの「想像力 (imagination) は、観察と経験から材料を取り出したり、整理したり、組み立てたりする際に、重要な役割を果たすものである。すなわち、既知のことから未知のこと、経験したことから未経験のこと、観察可能のものから観察不可能のものを推測すること」[41]を指している。胡は、これこそ、文学者の技量であると語っている。第2は、構成の方法である。そこには、「内容と材料の取捨選択を行うこと」（何を書くのか）と「材料を組み立てること」（どうやって書くのか）の二つの段階があった。第3は、描写の方法であり、それには、人・場景・事・感情という四つの描写の方法があるとまとめられている。加えて、中国文学の方法論はまだ不十分であり、西洋の文学方法を参考にし、西洋の優秀な作品を翻訳することを推奨している。

③の創造について、①と②を使いこなしてはじめて、中国の新しい文学を創

造することができるという。今は創造の方法と手段を空論せずに，まず①と②の予備的努力と工夫をすべきであると彼は提案している。

　以上，胡が考えた「道具」「方法」「創造」は言うまでもなく，国語教育と作文教育にも通じるものである。実際のところ，胡はアメリカで留学している頃から，教育方法論の視点から国語教育と作文教育について考察した論文を何編か執筆していた。たとえば，1915年の「国語をわかりやすく教授するためにどうすればいいか」[42]という論文において，古典教育の失敗は，教授法にあったと胡は指摘した。続けて1916年に「作文するには文法を重んじないと害が生じる」[43]という論文において，自らの生活と伝統を重視する国語教授観を述べるとともに，国語の文法についての研究を発表した。しかし当時，胡は，作文教育の方法を強く意識していたが，文学と国語の関係にはふれていなかったのである。

　一方で，「建設的文学革命論」は，生きた白話文学を作る方法と生きる国語の形成過程を結合することを主張するものであった。それまで主流となっていた白話文運動・文学改革の流れは，陳独秀が提唱した「国語の研究から文学の実践へ」というような教育の文脈から離れた文学改革の段階論であった。すなわち，「国語研究」を通して「統一した国語」の標準を作り，それをもとに「国語の文献・典籍」を編纂し，最終的に標準化された白話を文学に応用しようという改革の流れであった。一方，胡は教育現場の意見をふまえ，「国語的文学，文学的国語」およびそれを実現するための媒体（文学から構成される国語教科書）と方法（「①道具，②方法，③創造」）を「建設的文学革命論」において明確に示した。それにより，内容と形式，文学と国語の一元化を実現する見取り図ができるようになった。その頃から，白話文運動・文学改革は理論上において，はじめて国語運動と一つの潮流に合流したといえよう。したがって，その潮流は単なる理論上のものにとどまらず，やがて政府の政策と民間の国語教育改革の実践を大きく動かすものになっていった。その詳細について次章で検討する。

　このように，胡は当時の社会変革の要求に応じて，デューイを中国に招くとともに「実験主義」における「反省的な経験の一般的な性格」よりも，疑問の余地を残さないという信頼性を保障する「思考」の方法論を打ち出した。また，そのような方法論を用いて，形式と内容の統一，白話文学による国語の統一と

形成に寄与したことで，近代中国の国語改革における胡が果たした役割は甚大であると評価されるべきであろう．

1) 「これからの時代に求められる国語力について」文化審議会答申，2004 年 2 月 3 日．
2) 大原信一「胡適と白話文・国語運動」『同志社外国文学研究』1992 年，62-85 頁．
3) 陳平原（胡適人文講座創立者）「浮き沈みする胡適の 60 年」『南方都市報』GB24，2010 年 5 月 30 日付．
4) 羅根澤「胡適の文学観点と研究方法への批判」『胡適思想批判：論文彙編』第 2 集, 生活・読書・新知三聯書店，1955 年，203 頁．
5) 同上論文，207 頁．
6) 林淡秋「胡適の文学観批判」前掲『胡適思想批判：論文彙編』240 頁．
7) 同上論文，240-241 頁．
8) 陳，前掲記事．
9) 林，前掲論文，240 頁．
10) ジョン・デューイ（John Dewey, 1859-1952 年），アメリカの 20 世紀前半を代表する哲学者，教育改革者，社会思想家．
11) 山口栄「胡適の教育思想―デューイと胡適―」『日本デューイ学会紀要』第 39 号，1998 年，199-201 頁．
12) 大原信一「胡適と白話文・国語運動」『同志社外国文学研究』1992 年，62-85 頁．
13) 『天演論』とは，イギリスの科学者 T. H. ハクスリーの *Evolution and Ethic*（『進化と倫理』1894 年）を，清末の思想家厳復が文言の中国語に訳したもの．1896 年に稿本が完成し，翌年日刊新聞『国聞報』に載り，98 年単行出版された．ハクスリーは原著のなかで，人間をも含めた自然界の宇宙過程が無慈悲残酷な生存競争（物競天択）であるのに対して，人間は自己抑制，相互扶助，国家への義務などのすぐれた倫理的要素により克服して（適者生存）こそ社会の進歩がもたらされると説いている（加藤周一編『世界大百科事典』第 2 版，平凡社，2007 年）．
14) 胡適「杜威先生と中国」『胡適文存』第 2 巻，遠東図書公司，1953 年，380 頁．
15) 新文化運動とは，1910 年代の中国で起こった文化運動を指す言葉である．1917 年頃から，胡適，陳独秀，魯迅らが雑誌『新青年』を舞台に白話文運動を展開した．1919 年 5 月 4 日前夜，陳独秀は『新青年』において科学と民主のスローガンを叫び，マルクス主義の思想を提唱した．一方，胡適はマルクス主義を否定しながらも，白話文運動を支持し，伝統的な儒家学説の代わりにプラグマティズムを提唱した．これを契機に，五四運動が勃発し，白話文運動がさらに推進された．胡適，李大釗，魯迅らは，礼教としての儒教に代表される旧道徳・旧文化を打破し，人道的で進歩的な新文化を樹立しようということを提唱し，学生・青年層に圧倒的な支持を受けた（小島晋治・丸山松幸『中国近現代史』岩波書店，1986 年）
16) デューイの訪中講演「現代教育の動向」『民国日報』1920 年．
17) 胡，前掲論文，380-381 頁．
18) 胡適「実験主義（1922 年）」『胡適文存』第 1 集，遠東図書公司，1962 年，291-380 頁．
19) 同上論文，291 頁．
20) 同上論文，322 頁．

21) 同上論文，328頁。
22) Dewey, J., *How we think*, D.CHEATH&CO., PUBLISHERS, Boston New York Chicago, 1910, p. 72.
23) Dewey, J., *Democracy and Education: an introduction to the philosophy of education*, Macmillan, 1916, p. 72.
24) 胡，前掲「実験主義（1922年）」328頁。
25) 余英時『中国近代思想史上的胡适』联经出版社，1984年。
26) 戴震（1724-1777）は清代考証学を大成させたといわれる。そのためには「他人の見解」と「自分の見解」にとらわれないという態度と、最後まで信じられる根拠がなければ聖人君父の言葉であろうと信じないという決断を必要とした。「十分の見」と「不十分の見」、つまり論理一貫し疑問の余地を残さない定理と、伝聞や推論にのみ基づく仮説を区別するという方法は近代実証学の始まりといえる。
27) たとえば、胡は思考の五段階の最初にある「①困難で迷いが生じる状況」を紹介する際、一切の科学的な発明は、実践上あるいは思想界における疑問、困惑や困難に起源すると提起した。宋代の思想家である程頤による「学原於思（学びや知識は思うことに基づく）」という考えが基本的に正しいと言いながらも、何の前提もない「思」は役に立たない。そのため、程は「学原於思，思起於疑（学びや知識は思うことに基づき、思うことは疑問から始まる）」と言うべきであり、疑問と困難を感じることは思考の第一歩であると述べた。ここでは、程の「学原於思」にデューイの反省的思考の第1段階である「疑問の感得」をうまく接合している例が示されている（胡，前掲「実験主義（1922年）」323頁）。
28) 胡適「文学改良芻議」『新青年』第2巻第5号，1917年，1-12頁。
29) 同上論文，10頁。
30) 胡適「談新詩」『星期評論』（新聞記事・双十節記念専号）1919年10月10日付。
31) 趙敏俐ほか編『中国古代文学通論』（先秦両漢巻）遼寧人民出版社，2005年，5頁。
32) 陳独秀「通信（編集者の一言）」『新青年』第3巻第2号，1917年，1-6頁。
33) 陳元暉編『中国近代教育史資料匯編・教育行政と教育団体』上海教育出版社，2007年，395頁。
34) 張護蘭「通信（陳独秀への手紙）」『新青年』第3巻第3号，1917年，22-23頁。
35) 「国語研究会討論進行」『申報』第6版，1917年3月17日付。
36) 胡適「建設的文学革命論」『新青年』第4巻第4号，1918年。
37) 同上論文，3頁。
38) 同上論文，6頁。
39) 同上。
40) 同上論文，8-14頁。
41) 同上論文，12-13頁。
42) 胡適「国語をわかりやすく教授するためにどうすればいいか」東アメリカ学生会論文，1915年。姜義華編『胡適学術文集・言語文字研究』中華書局，1993年所収，1-2頁。
43) 胡適「作文するには文法を重んじないと害が生じる」1916年，同上書所収，85-91頁。

第2章

胡適の国語カリキュラム論と方法論

　「国語的文学，文学的国語」の理念と方法が胡によって提示されて以降，改革の手続きをどのように進めればよいのかが論点となった。また，1922年に新しい学制が成立すると，新しい国語カリキュラムと教科書のあり方の確立が急を要した。それらの白話文教育の建設に表れた新たな課題に対して，胡がどのような提案をしてきたのか，その提案が社会や教育現場にどのような影響を与えたのか，さらに，胡の提案をめぐってどのような論争が起こったのか。こうした近代中国における白話文教育の成立にかかわる問題を本章において詳しく検討する。

第1節　白話教科書の成立

　1918年「建設的文学革命論」が掲載された直後，『新青年』の「通信」欄において文学改革の手続きに関する論議が行われた。まず，大学関係者は「大学入試から白話を導入しよう。そうすると，中等学校は自然に白話を重んじるようになる」[1]と述べた。それに対して胡は，「カギは学校教育であり，まず低学年からやらなければならない」[2]と主張した。そして，その理由を，学校教育は価値のある国語（白話）文学を作ることで，それを信仰する国民の心理を養成しなければならないと説明した。実行の方法として，小・中学校の教科書を一律で国語（白話）で編纂することを提案した。これは，外部的な押しつけではなく，人間本来の発達を重視し，その内なる審美的価値形成を重視する考え方であった。

　この新しい提案は，直ちに国語教育界において大きな反響を起こした。1919年4月に，北洋軍閥政府教育部の附属機関である国語統一準備委員会によって審議会が開かれた。胡適，周作人，銭玄同などの国語学者が連名で会議において「国語統一の実施方案」を提出した。そこで，「国語の統一を小学校から着手

しようとすれば，小学校の各教科の教科書を国語（白話）伝播の本拠地とみなすべきこと」[3]を提案し，国家レベルで白話文を小中学校の教科書へ導入する機が熟したことを宣言した。1920年1月，北洋軍閥政府の教育部は，国民学校（小学校）1・2年生の「国文」を「国語」と改称し，3年生は1921年までに改称すると命令した。1922年以降のすべての国民小学校教科書は，文言文の代わりに白話文の教科書を採用する旨も公布した。胡は，「この命令は，少なくとも中国における教育の革新を20年ほど早めることになるだろう」[4]と評価している。

同年，商務印書館から，呉研因などが編著したはじめての小学校国語教科書『新体国語教科書』（8冊）が出版された。内容としては児童の生活に寄り添い，子犬や子猫などの身近な動物や果物が主役として登場した（図2-1）。また教科書編成においても革新的な構成を取っている。たとえば，それまで特別に表記していなかった本文の新しい単語を別枠に注音符号[5]をつけたり，何編かの本文の後ろにまとまりの練習問題を設けたりしていた。練習問題の内容は，本文の理解に関するものもあれば，言語能力の訓練を目的とするものもある。単元という形にまでは整っていなかったが，その原型となる発想を見いだすことが

[訳文]

黒猫は顔に白い粉を付け，頭に青い帽子をかぶり，赤い洋服を着て黄色犬の家に遊びに行った。
黄色犬は「誰だ？」と聞いた。
黒猫は「君の親友だ」と答えた。
黄色犬は「いいえ。違います。」と言った。
すると，黒猫は帽子と服を脱いで，顔にある粉を拭き取った。
「猫さん，君の仮装が上手すぎだね！」
と黄色犬が言った。

出典：呉研因ほか『新体国語教科書』商務印書館，1919年，64頁。

図2-1　擬人化した猫と犬が教科書に登場

できよう。

　同じく1920年に中国初となる中等教育段階における白話の国語教科書『中等学校用白話文範』（4冊）も出版された。商務印書館の広告によると，「最近の中等学校は，白話文を提唱しているが，適用する教科書もなく，教材づくりも困難な状況下に置かれている。本書は南開大学の教員洪北平，何仲英によって編纂された。ここには，名人・賢人である程顥，程頤，朱熹だけではなく，現代教育者である蔡元培，胡適，銭玄同，梁啓超，陳玄廬，陳独秀諸先生の作品も収録されている。これは，形式上において白話文の模範になりうるだけでなく，実質上でも新道徳・新知識・新思想に関するものばかりである。本書は，中等学校における教育内容に合致しており，別編の『参考書』では，引用・注釈と国語の組織方法について詳細に説明している。本の後ろに新しい文学評論も添付しており，まさしく破天荒の教科書であろう」6)と述べられている。つまり，白話による教科書の勢いはとどまることなく，それまで文言で独占されていた中等教育の古典的な国語教育を一変しようとしたのである。

　またも同年において出版された『国文読本』においては，「本書は現在最もはやっている国語文を選択し，採用する。それらの国語文は，文学，思潮，婦女，哲学，倫理，社会，教育，法政，経済，科学の10種類に分けられる。作者は，胡適，蔡元培……など皆，新文学の巨匠である」7)と斬新な構成をアピールし，白話文の教材が少ないなか，教師と生徒たちに幅広い分野の参考資料を提供しようとした。

　国語統一会の教科書検定審査報告によると，1920年という1年間でこのような白話教科書は173冊認定されたという。白話教科書の成立は，胡の「国語的文学，文学的国語」という理念が社会において広まった結果であり，また，その文学の創作と研究活動の影響が学校に浸透しはじめたことを意味する。ここで注目すべき出来事は，胡自身の白話文学作品と論文が教科書に採択されたことだけではなく，「マッチ売りの少女」のような国内外の児童文学作品が初めて国語教科書に登場したことである。つまり，国語運動においては，近代中国における児童文学研究の始まりを見過ごすことができない。また，ここでは，中学校の国語教科書として，すべて白話文を採用したわけではないことに注意しておきたい。この時期から，国語科という一つの教科は，小学校では白話中

心の「国語」、中学校以上では文言中心の「国文」というように呼び分けされるようになったのである。

第2節　児童文学の隆盛の意義

　国語運動のなかで育まれた中国児童文学は、誕生した時点で教育という言葉と関連して語られることとなった。それは今日の中国児童文学観にも深く影響を及ぼし、児童文学といえば、「児童を教育するために働くもの」であるという認識が常識のようになっている。その源流をたどると、胡の同僚であった周作人（1885-1967）を特筆に値する人物として挙げることができる。周の文学論と子ども観を検討することで、白話文運動と国語教育を結び付けたもう一つの側面に迫っていく。

(1) 周作人の「人的文学」

　周は、中国児童文学史上において、先駆的な役割を果たした民俗学研究者と文学評論家であり、北京大学においてはじめて「東方文学系」という日本文学専攻コースを設置した人物として知られている。若き頃はその兄魯迅の後を追って、南京江南水師学堂に就学し、さらに自らの学問を深めるために1906年に日本に渡った。東京の法政大学、立教大学で学び、1911年の夏に帰国した。留学中に柳田國男の著作を読んだため、「方言周圏論」などの理論と方法に深く感銘を受け、帰国後には二百余りもの紹興の民謡を集め、中国民俗学創立のために尽力した。1914年に書いた「児歌之研究」において、初めて「民俗学」という概念を打ち出した。そこで「幼児教育は自然に従って成長を助けるべきで、歌謡遊戯を主な科目とする。童謡のたわいなさ、童話の荒唐さはみな取り除くべきものである」[8] と語った。そこでは、童謡・童話を幼児教育に用いるべきが、原作における非教育的・封建的な道徳を取り除いてから教科書において採用すべきだというような民俗を幼児教育に応用する仕方まで言及した。

　1918年に北京大学の文学院に教授として赴任した周は、『新青年』において「人的文学」という文章を発表し、「人的文学」の理念の基礎は人間の本質を認識・発見することにあると主張した。つまり、新しい文学というのは、「人道主義

に基づき，人生の諸問題について記録・研究するような文章であり，いわゆる，人的文学である」[9]と強調した。同じく風俗嬢の生活を描く文学であっても，ロシア作家クプリーンの『ヤーマ』は人的文学であり，中国の『九尾亀』は非人的文学であると批評する。なぜなら，前者は厳粛であるのに対して，後者は遊びである。前者は人間らしい生活を望んでいるため，悲しみや怒りさえ感じさせるのに対して，後者は非人間的な生活にただ満足し，人格を無視して愚弄したりする形跡があったという。つまり，両者の区別は作家の態度の相違にあったということである。これから求められるのは，非人的要素を排斥し，人的道徳に基づいた文学を樹立し，あらゆる角度から人間生活の幸福に寄与する人道主義的文学あるいは人生的文学であると断言した。

　周の主張に対して，胡適は，「周先生はわれわれの時代において，提唱すべきさまざまな文学の内容を一つの中心理念にまとめ，これを彼は『人的文学』と呼んだ」[10]と評価した。理念上，周が提唱した「人的文学」は，ヨーロッパの宗教改革，ルネサンスとフランス革命において生み出される「個性の発見」，「女性の発見」および「児童の発見」という一連の啓蒙思想の流れを収斂させるものである。一方，中国の文脈に即してみると，戦国時代からすでに，文学を，儒教思想を伝播する道具や手段として利用する考えがあった[11]。それは北宋になると，儒学者である周敦頤[12]が曰く，「文以載道（車が物を載せるように，文章は，儒教的な思想や道理を説明する役目を果すべきだ）」[13]との一言に集約されている。それは，礼教としての儒教であり，封建社会の旧道徳の一つとされている。このような封建的な旧道徳・旧文学を「非人的」と排斥し，人道的で進歩的な新文化を樹立するための新しい文学を最初に提唱したのが周である。

　胡が指摘したとおり，「人的文学」は，後の新文学運動だけではなく，国語運動を方向づける重要な理念および方法となる。しかしながら，一体，文学を道徳の教化として利用すべきなのかという疑問がその後，現代に続く国語教育における議論すべき課題として残される。

(2) 近代の子ども観と文学

　1920年から，白話教科書が急速に広まるとともに，さらに学校現場に行われる白話教育の具体的な理論と方法を提示することが急務となった。同年，北

京の孔徳学校の講演に招聘された周は、「児童の文学」を「小学校における文学」というように定義した。『新青年』第8巻第4号に載せられた講演録によると、まず周は次のように述べている。

「昔の人は児童について適当な理解をもたず、児童を小さな大人と扱い、聖典をできるだけ教え込んだり、または、不完全な人間として、何もわかっていないと相手にしなかったりしていた。最近になってようやくわかったのは、児童はただ生理上において、大人と少し違っただけで、完全な個人として自らの内と外両面の生活をもっているということだ。その生活は、大人の生活を準備する部分があったとしても、その独自の存在意義と価値を有する」[14]のである。つまり、「どのように児童を理解するのか」というのは、周の思想根底にある「児童本位」の人道主義的な発想に由来する。近代的な教育観を成立させるためには、まず近代的な子ども観を樹立しなければならないのである。これは五四運動以来、ルソーの思想に影響された教育者によってしばしば提起された理念ではあった。しかしながら、児童の文学と結びつけて語った点では周が草分けといっても過言ではない。彼は、日本において大正自由教育の思潮と理論から洗礼を受け、帰国後は1913年から「童話略論」、「童話研究」、「童謡の研究」、「古童話釈義」などの研究論文を発表したり、人間学における神話、伝説、童話について解釈したりして、児童文学の批評活動を精力的に展開したのである。

そして、周は幼児期と少年期における児童の発達段階の特徴について次のように分析する。「幼児期は一般的に前期と後期に分けられ、3歳から6歳は前期で、幼児期と呼ばれる。6歳から10歳までは後期で、初等学校期と呼ばれる。前期において、児童の発達上において最も盛んになるのは感覚の働き、他の感情や意志の発動の多くは感覚を基本とするため、衝動的であるという特質をもつ。この時期の想像も受動的で、連想と模倣の2種に尽きる。そのため、現実と幻の区別がほとんどつかない状態にいる。後期になると、観察と記憶の働きはだんだん発達し、さまざまな現実的な経験を得ることで、想像の働きは制御され、現実と衝突しない場合のみ受け入れられるようになる。また表現においても自発的になってきて、いわゆる構成的想像がつくようになる。少年期の前半も大抵この状態のままだが、自己意識がより発達し、社会モラルなどの観念もだんだんわかるようになる[15]」のである。

児童の発達段階に関する分析により，それまで曖昧であった児童に対する認識の筋道が開かれるようになった。児童文学のあり方もそれぞれの発達段階に応じて存在するため，その共通性と相違性に注意しながら教授することが重要であると周は述べる。さらに，児童文学の概念には「児童的」と「文学的」という二つの含意を有するため，子どもの興味・関心を引くような情趣をもつと同時に，文章としては単純・明快で，バランスよく整っていて，考えが真実で普遍性を有すると提案した。こうした児童の発達段階と文学の関係に関する理論の提唱は，近代中国における科学的な児童文学論の成立を象徴するようなものであり，教育者の視野を広げたばかりではなく，学校における教育内容と教材編成に対しても示唆を与えるものであった。

　したがって，胡は，周の取り組みを高く評価して，1920年に次のように述べた。「最近はこのような動向がある。児童文学，すなわち，童謡，寓話，おとぎ話などの登場である。……北京大学の周作人先生も児童文学を研究しており，商務印書館，中華書局も児童文学シリーズの本を出版している。……概して，文学を発達させるのは，児童の文学的趣味を育成することと関係している」[16]といったように，胡は，児童文学の成果を白話文運動に積極的に取り入れようとした。さらに，児童文学の流行について，「国語運動の力を増大させるばかりではなく，児童の文学的趣味の育成にも大きな役割を果たしてくれるだろう」[17]と称賛した。つまり，児童文学の提唱と隆盛は，低学年からの審美的価値形成という胡の考えの裏づけとなったとともに，文学の教育を児童の内なる発達への理解・関心と結びつけることによって，白話文・国語運動に新たな教育的意義を与えることとなった。

第3節　中学校国語カリキュラムの構想

　そして，胡はデューイが中国にもたらしたのは，「教育革新」の理論と「現在われわれが直面している特定の問題を一つ一つ解決するための実験主義という哲学方法である」[18]という理由を挙げてその功績を大いに賞賛した。その「教育革新」の理念は，いわゆる，知性は上流階級が独占するものではなく，すべての民衆が享受すべき論理的思考力と文学的鑑賞力であると胡は提唱してい

る。そして，その問題解決的な方法を「無限」とみて，さまざまな文脈において応用しようとした。とりわけ，中国の独自の課題，すなわち，新しく成立した白話文の国語教育とは何か，どのように教えたらいいかという課題に対して，「中学校国語の教授（中学国文的教授）」(1920年)と「中学校の国語教学についての再検討（再論中学的国文教学」(1922年，以下，「再検討」と略す)という二つの論文を通して具体案を提出した。そこにおいて，「現在と将来の中学校教育者は私に実験の機会をください。この理想の計画を随時にテストを通して，どの部分が行けるか，どの部分が修正を要するかを証明させてください」[19]と呼びかけている。つまり，胡は白話文・国語運動の更なる展開を期待しており，これまでの理論を国語教育の実践上に応用するよう働きかけている。

「中学校国語の教授」は，1. 中学校国語の目的とは何か，2. 中学校国語カリキュラム（仮），3. 国語文の教材と教授法，4. 演説と弁論，5. 文言の教材と教授法，6. 文法と作文，7. 結論という七つの章から構成されている。

この論文の序文で，胡は自分が中学校における国語教授の経験をもたない「門外漢」であるものの，「『門外漢』であってこそ慣習にとらわれず，時には新鮮な意見，意外な参考になる材料を提供することができる」と述べた。そこで，まず中学校国語教育の目的について，胡は下記のような4項目を提案した[20]。

(1)皆（生徒）が国語［白話］で自由に思想を発表することができること。作文，演説，会話が明白で流暢であり，文法上の間違いがないこと。
(2)皆が平易な古典書籍を読むことができること。たとえば，『二十四史』（正史），『資治通鑑』（編年体の歴史書）である。
(3)皆が筋の通っている文言を書くことができること。
(4)皆が文言の文学を知る機会を有すること。

(1)においては，胡は「自由に思想を発表すること」の判断基準として，「明白で流暢」であることと，「文法上の間違いがないこと」を明文化している。とくに，「文法を重んじなければならない」という考えを，胡は「文学改良芻議」を書いた頃からもっていた。なぜなら，中国古来の文学・哲学思想では，「自分の感性を磨くことが重視される一方で，論理的かつ具体的な方法論がもたれて

表2-1 民国初年の中学校国語カリキュラムと胡適が考案したものとの比較

対象／学年	民国初年の国語カリキュラム（毎週の授業と時間数）		胡適の提案した国語カリキュラム（毎週の授業と時間数）	
1年	講読, 作文, 習字	合計7時間	国語文［白話文］1 古文［文言文］3 文法と作文1	合計5時間
2年	講読, 作文, 習字, 文字源流	合計7時間	国語文［白話文］1 古文［文言文］3 文法と作文1	合計5時間
3年	講読, 作文, 習字, 文法要略	合計5時間	演説1 古文［文言文］3 文法と作文1	合計5時間
4年	講読, 作文, 文法要略, 文学史	合計5時間	弁論1 古文［文言文］3 文法と作文1	合計5時間

出典：胡適「中学校国語の教授」『新青年』第8巻1号，1920年をもとに筆者作成。

いない」という特徴をもっていることが胡自身の研究によって明らかになっていたからである[21]。外国文学と中国古典の両者を研究してきた胡は，「中国の文法学の発生が一番遅い」と嘆いたこともある。そのため，胡は，「作文を教えた人が文法を知らない」という現象を批判し，清末以来の「文法要略」という科目を「文法と作文」に変更し（表2-1参照），「中学校の国語教員は文法学の知識をもたなければ，けっして教員になってはいけない」[22]と固く主張している。

この考えは，胡が提案した(1)とカリキュラム編成だけではなく，教授法においても反映されている。たとえば，「第1学年において，白話文法の要旨をすべて終わらせる。……第2, 3学年において，文言の文法を教授し，各箇所を白話文法と比較・対照したり，生徒に批評させたりする」という提案から，文法の応用と批評を重視していることが理解できよう。

(2)～(4)について，一見，文言の読み書きがまだ重視されているようにみえる。胡が提案したカリキュラム編成（表2-1）をみると，国語（白話）の授業は，3, 4年になると，演説と弁論という実習科目に変更される一方で，文言の学習は中学校の4年間に習得される形になっている。それは，胡適に次のような教育的・実験的な意図があったと考えられる。

まず，カリキュラムにおける科目構成をみると，従来の習字，文字源流，文

学史,文法要略の4科目が胡によって削除されたことがわかる。その理由について,胡は,「字を書くのは毎週1時間の授業でうまくなれるものではない。現存する『文法要略』と『文字源流』は,文法と文字学をわからない人が編纂したもので,読んだら勉強になるどころか,害が生じる。文学史は名前だけ覚えて,著作を知らないでは,なんの役にも立たない」[23]と述べている。

また,胡は当初,中学校国語における白話と文言の割合が1対3になるように計画していた。その理由は,「初級小学校と高等小学校の7年間で国語(白話)の活用が十分できているという仮説を立てた」[24]からであった。しかしながら,彼はすぐに白話の活用ができるようになるには7年間だけでは足りないことを認識し,1922年の『中学校の国語教学についての再検討』では,「自由に思想を発表することができる道具」である「国語(白話)文を作成できること」を「第一の基準」として設定すべきことを提案した。さらに「古い文語文(文言)を中学校国語の目的ではなく,ただ文法を実習するための道具としてみなすべき」[25]であるとしている。さらに,2年前からの国語改革の実験は失敗だという批判を受ける原因は,「古典の整理ができていない」という教材不足に帰されると述べた。

つまり,胡は文言教育に対しては形式陶冶的な考え方をもっていた。一般的には,形式陶冶は,個々の知識・技能という内容的なものの習得よりも,記憶・推理・意志の力など心の形式的な能力の陶冶を強調する教育観をさす。ヨーロッパの伝統的な学校は古典語や数学をおもな教科としてこの種の教育を重視してきた。古典と文法を重視している胡は,注入式の教育を批判し,生徒の自習的な研究と批評を白話文と文言文の教育の中心に置いた。

そこで,胡は文言文を教授するために整理する方法として,次の七つのやり方を紹介した。「①文章記号を加えること,②段落分け,③重くて遠回りの不必要な注を削除すること,④必要に応じて数多くの解説のなかから適切なものを選んで新しい注として入れること,⑤古典などの複数の写本や刊本を比較検討して,本文の異同を明らかにしたり正したりすること,⑥古典のなかにおける本物と偽物を見分けて校訂すること(たとえば,『詩経』の『古文』は偽物であるとこの二百年以来,多くの学者に認識されてきた)⑦古典の書籍の紹介および批評としての詳しい序文を作ること――少なくとも作者の略伝,本の歴史とその文

学的価値を示すようにすることである」[26]。これらの整理を経てからはじめて文言文を中学生の自習の教材として提供しようと胡は提案している。つまり，文言の文字・文法そのものを習得するよりも，教師と生徒がともに文言を研究することによって言語の文字・文法を比較・批評する方法と情報活用力を身につけようという考え方であった。これは，胡がデューイの教育哲学からヒントを得た実証的な方法論の国語教育における応用であり，胡のめざした教育目標である「創造的な智慧」の具体像であっただろう。

第4節　作文教育の目標と方法をめぐる胡・梁論争

　白話文運動において，胡は最初からはっきりとした国語教育の目標や教授法に関する見解をもっていなかった。彼に重要な影響を与えた人物の一人は梁啓超であった。梁は「戊戌の変法」[27]を提唱したことで世間に知られている。それだけではなく，梁は文学や教育に対しても独特な見解を述べている。文学や教育の分野においては，しばしば胡適との対立と論争を起こし，話題となっている。本節において，作文教授論における胡の主張を相対化するために，梁の関連した理論もふまえながら検討する。

(1)　梁啓超と胡適の共存と対立

　1917年，胡は，自分が梁に啓蒙されたと述べ，梁の文章について次のように評価している。「梁啓超は最もよく各種の字句語調を運用して応用の文章を書いた。……彼の文章は最も『古文の義法』に合わないものであった。だが彼の文章の魅力はかえって最大であった。……『新民業報』を発刊すると影響はさらに大きく，二十年来の読書人でほとんど彼の文章の影響を受けなかったものはない」[28]と。つまり，梁啓超の「新文体」は旧来の文章ではなく，白話のような性格をもつ近代文であった。それが胡に与えた影響は，1918年1月15日の『新青年』に発表された「論小説と白話韻文」のなかにある次の記述に表れている。

　　(一) 白話の「白」とは，舞台の上での「説白」の「白」であり，俗語「土白」

の「白」である。ゆえに白話すなわち俗語である（白話的"白"，是戯台上"説白"的白，是俗語"土白"的白。故白話即是俗語）。

　（二）白話の「白」は「潔白」の「白」であり，「明白」の「白」でもある。白話は「話し言葉の如く明白」でなければならない。だが，若干の文言の語句を挟んでも差し支えない（白話的"白"是"清白"的白，是"明白"的白。白話但須要"明白如話"，不妨挟幾個文言的字眼）。

　（三）白話の「白」は「白黒」の白である。白話は不必要な装飾もないはっきりとした言葉であり，明白でわかりやすければいくつかの文言の語句を挟んでも差し支えない（白話的"白"，是"黒白"的白。白話便是乾乾浄浄没有堆砌塗飾的話，也不妨挟入幾個明白易暁的文言字眼）[29]。

　つまり，胡にとって，道具としての「白話」の特徴はわかりやすさと簡潔さであり，多少の文言が混じっても全体は民衆の日常生活に用いる俗語であればそれは「白話」という道具として十分な役割を果たせるということである。その背後には，梁が先駆者として文法的にも意味的にもわかりやすい近代文言で思想革命を起こした名残があったためである。梁の近代文の創作と新聞メディアによる発信は，まさしく，白話文運動の前ぶれになったのである。

　ここでは，胡との相違を明確にするために，まず梁の半生を概観しよう。梁は，広東省新会県に生まれ育った。字は卓如，号は任公という。1890年に康有為（1858-1927）に師事，1898年の戊戌の変法自強運動では中心となって活躍したが，失敗し，日本に亡命した。辛亥革命の翌年（1912年）に39歳で帰国し，中華民国の司法総長を務めた。梁は，それまで国家主義的なスタンスから近代西欧の思想を紹介するスタイルをとった。しかし梁は，さまざまな西欧の国を訪問する際に，第一次世界大戦によるヨーロッパの荒廃を目の当たりにして，少なからぬ衝撃を受けた。その後，梁は伝統的な中国の思想や文化への再評価へと向かい，物質主義的な西洋文明を中国文明の精神と融合させるための学術研究に没頭していくことになる。1923年には清華大学教授，ついで北京図書館の館長となっている。影響力を強めつつあったマルクス主義に対しては，中国には階級的な社会構造が存在しないこと，共産主義の理念は外来の理論ではなく中国の伝統のなかにも求めるべきであるなどの理由で批判的であった。著

作には「清代学術概論」「先秦政治思想史」などがある。

　こうして，梁は革命主義的な政治手法を激しく批判し，「開明専制」[30]という国家主義的な思想を展開したこともあって，長らくその評価はあまり芳しいものではなかった。しかし日本における近年の中国近代史研究においては，梁啓超は研究対象として最も多く扱われている知識人であり，その存在感は孫文以上であると言っても過言ではなくなっている[31]。「近代『国民国家』を創出するに必要な政治，法律，経済，哲学，宗教，教育など，いわゆる人文・社会科学のほとんどすべての分野にわたり，すぐれて高度な議論を展開」し，「西洋近代文明による中国伝統文明の再造」[32]に偉大な功績を遺したと，現在，諸外国においても高く評価されるようになった。

　梁は，人文・社会科学のあらゆる分野で研究を行うなか，若き胡が古典小説の考証学の研究に示した才能を高く評価した[33]。その裏づけとして，1920年に梁が胡あてに書いた手紙で，自らの著書『清代学術概論』の書評を胡に依頼するとともに，胡の著作『中国哲学史大綱』に関する論文を自身が書くつもりだと述べていることが挙げられる。その際，さらに「白話詩について，意見があるので，その文章を2，3日で完成できたら，また君と議論したい」[34]と述べた。

　その後の胡の記述によると，「梁任公は白話詩を批判する文章を発表する前に見せてくれました。私はその文章における一句一語に反論を書き，彼に返しました。また，コメントとして『これらの問題はこの3年間にわたってすでに検討済みです。古いことを再び言い出すと，必ず不必要な論争を巻き起こすため，発表するのは望ましくありません』と彼に告げると，とうとうやめたらしい」[35]とのことである。しかしながら，梁が後輩である胡からの批判で論文を取り下げることはとうてい考えられない。後に解明されたように，その文章は，梁が，黄尊憲らが編纂する詩集のために書いた序文であり，その詩集が未完成のままになったがゆえに序文の発表ができなくなったのである。

　そして1921年に梁は，兼愛・非攻という墨子の思想に親しんできた胡に，自らの作品『墨経校釈』4巻の序文の執筆を依頼した。そこで胡は，梁が十数年間を費やし，墨子の「経上」と「経下」，「経説上」および「経説下」の4編に新たな注釈と校閲を加えたことを評価する一方で，「経文の項目毎の頭文字は

必ずその項目のタイトルとする」などのルールを設けたことで、校正の範囲が狭まれ、応用が効かないことを指摘した。また、「今日の経典は原文ではなく、後世によって加筆したもの」という見解をもつ梁によって経文が大きく削られたことに対して異論を唱えた。文末においては、「これは梁先生の著作の方法に関する検討であり、各項目の是非・損得は、この短い序文においては語り切れない。また、『墨子』の時代や著者などの問題についても先生の見解と異なるが、ここでは答弁するつもりはない」[36]と述べた。

　第1章の検討で明らかにされたように、胡は清代考証学の方法と西洋のプラグマティズムの両方を持ち合わせた。彼は、たとえ相手が尊敬している梁であっても、客観的な史実に基づき、実証的な方法論を用いて緻密に学問を検討する姿勢を貫いてきた。また、1920年代に入ると、伝統思想と文化の再評価に尽力する梁と白話文学を推進しようとする胡とは学術の分野だけではなく、教育の分野についてもますます対立するようになった。二人の間の論争は、白話や古典などの文学の内容領域にとどまらず、ついに学校の国語教育と作文教育の目的と方法にまで展開するようになった。

(2) 胡適の作文教授法への批判

　梁は、1920年から清華学校[37]の非常勤講師として勤め、中国学術史などの科目を担当するようになった。同年、中学校以上の作文科の教師の研修および学生が自習するための教材づくりのために『作文教学法』という冊子を著した。趣旨として、「科学的な方法を用いて文章構造の法則を研究し、学習者が上達するための基礎を作るように作文技術のルールと基準を提供する」[38]と冊子の冒頭において述べた。続いて、述べる内容を、①文章全体の構成に関することと、②用いる教材を文言文に限定することとした。

　その理由として、梁は、次の4点を挙げた。1点目は、1920年に胡が想定したのと同じように、梁も白話文の素養が小学校段階においてすでに養われていると想定し、中学校以上の教授においては白話を用いる必要はないと判断したためである。2点目は、二千年以上も用いられた文言文にはたくさんの深い思想と美しい文学作品があるため、学生が中等教育段階においてそれを習得し、文言文を読める、解釈できることを目標として設定したことである。3点目と

しては，文言と白話は一貫したものであり，文法上における相違は限られているため，文言文を書ける人は，当然白話文を作ることができるという前提があった。4点目は，発達段階の幼少期において，学校の教材として用いられる白話の作品がまだ数少なく，文言文こそ用いられてきた時間が長い分，模範となる教材文は枚挙にいとまがないほど豊富であるからである。とくに4点目の理由について，中学校以上の作文教授は，著名な小説を教材として用いるべきではないという主張を，梁は述べている。なぜなら，国語を教授する目的は文章そのものを研究するのではなく，他の知識や科学と相互に補うような形で言語の力を習得することにあるからだという。とくに，『水滸伝』，『紅楼夢』などの白話小説は，文学者になりたい人しか研究する必要がないため，一般教養としてはふさわしくないと指摘した。これは，白話小説を教材として用いることを推奨した胡適に対する鋭い批判であった。

また，1922年7月と8月に清華大学に行われた講演に関する梁の手稿が2002年に新たに発見されことで，胡・梁論争が「80年前の中学校国語教育に関する論争」として注目を集めるようになる[39]。これらの講演においても，梁の基本的な主張は変わらないが，胡適への批判がさらに範囲を広げるようになった。これらの批判を三つの論点に絞って，梁の『作文教授法』における観点と照らし合わせつつ検討すると，両者の作文教授に関する見解の異同は下記のようである。

第1は，中学校における国語授業のなかで作文を書かせるとき，白話と文言のどちらを主とするかという問題である。既述のように，胡は，最も思想を自由に発表できる白話で作文をするべきという考えをもち，文言を教えることを，白話を活用するための補助道具として捉えている。それに対して，梁は「小学校は白話で，中学校以上は文言を教えるべきである。作文は白話と文言のどれでもいい」と主張している。なぜなら，「文章の良し悪しは，白話か文言かとは関係なく」，「内容から判断し，意味が伝わるかどうかによる」ものであり，「けっして主従の関係として捉えてはならない」という。『作文教授法』においても，教材を文言に限定しても，最後に，「文章を作成する際に文言と白話のどちらにするのかは随意である」と講義を結んでいる。これは，白話と文言を平等な位置に並べて中身で勝負するという，一貫した梁の考えである。

また，梁は，近代白話文には，「記述文が少なすぎて，価値のあるものがほとんどない」とし，「論述文・説明文のなかにはよい作品が少なくないが，テーマが狭く，専門性が高すぎるため，中学生には向いていない」と判断している。これは，胡の白話文学の作品から国語教材を構成しようという提案に反対する意見である。さらに，「10年後には，白話作品を中学校の教材として使えるものが増えるが，今日はまだ機が熟していない。国内で白話をうまく書ける人は，誰もが高度な文言の知識・技能を備えているのではないか」と結論づけている。つまり，梁は白話の文章をうまく書ける基礎・基本がやはり文言にあると考えたのである。

　続けての第2の論点は，中学校において，何を育成すべき力として位置づけ，どんな教材を選択するのかという問題である。胡は「中学校国語の教授」において，教材編成の際に，「白話小説」，「白話の演劇と長編の論述文・学術論文」，「文言の論述文」という三つの教材に重きを置くよう提案した[40]。「文学改良芻議」において述べたように，胡は「情（情感・美感）」を文学の魂，「思（見地・知力・想像力）」を文学の価値として捉えているため，文学の鑑賞力と論文を書くことができるような創造的な思考力の育成を重視している。

　それに対して，まず文学の鑑賞力について，梁は次のように述べている。「中学生が相当な文学の鑑賞力を備えなければならないことは，私も認める。だが，中学校の教育目的は，専門的な文学者を養成するのではなく，常識を育成することにある。そのために，国語の教材は，実用文を主要として美文を副次なものにすべきである。高校における文学専攻の人以外については，実用文が80％以上，純粋な文学作品は1，2割でいいのである」[41]。つまり，この主張には，中等教育段階では，審美的な鑑賞力よりも，物事を客観的に捉えて特定の相手に伝えることができるような常識力を育成すべきという梁の考えが映し出されている。もともと『作文教授法』において，梁は文章を「記載之文，論弁之文と情感之文」という三つの種類に分けている。2種や3種も兼ねた文章の存在を認めるが，どれかに重きを置くのが一般的であるという。「情感之文」は美術性が強いため，文学の専門家が書くべきものとする一方で，中学生にとって最も書くべき文種は「実用之文」であると主張した[42]。これは，いわゆる，現代の説明文（記述文）にあたるものであると考えられる。

1922年の講演原稿において，梁はさらに明確に「作文を学ぶ際は，記述文を中心にすべきだ」と提唱している。「絶好の文学には麻酔性があり」，それが「幻想的かつ刺激的すぎるため」，中学生に向いていないと考えていたのである。胡適が提唱する生きた文学の利器である『紅楼夢』『水滸伝』などの白話小説は生徒が課外でも興味津々に読んでしまうため，それらをあえて正式の国語授業の時間をとって取り上げる必要がないと梁は主張する。従って，中等教育の国語授業において最も重要な任務は，小説を書く際に重視される想像力ではなく，客観的な資料を忠実に整理・再現し，文章化する記述力であるとする。この点に関して，梁は『作文教授法』において詳しく説明している。

　まず梁は「記載之文」と「論弁之文」，いわゆる記述文と論述文の作法を中心に述べている。しかしながら，合計41ページの『作文教授法』において，記述文に関する基礎・基本的な考え方と分類，作法および具体例が34ページを占めているのに対して，論述文に関しての説明はわずか3ページしかなかった。梁がどれだけ記述文の作法を重んじていたかがわかるだろう。

　まずは記述文についてである。妥当な文章を書くための最低限の要求として，「(1)言うべき話を選ぶ」，「(2)言いたいことをそのまま言う」，「(3)読者に完全に伝えることができる」という三つの水準があると梁は提唱する。

　(1)について，言うべき話は文章を構成するための材料であると定義し，作文の第一歩は材料を収集し，どの材料が必要なのかどの材料が不必要なのかをテーマに照らし合わせながら取捨選択することである。それだけではなく，書く時期によって，または作者や読者の位置づけによって材料を変えることが重要であるという。つまり，作文するときの立脚点とそこから出発して話の範囲を定めることを文章構成の第一の法則として提唱したのである。

　(2)について，「そのまま」を次の2種に分類する。一つは，客観的なそのままであり，人物画を書いたらその人物のままで，風景画を書いたらその風景のままであるというように，事物の純粋な客観性を捉えることを，記述文を書くための必要条件としている。もう一つは，主観的なそのままであり，作者の心に映ったイメージである。これは，客観的な「そのまま」よりも重要であると梁は捉える。なぜなら，客観的な事物は必ず観察され，判定され，選別された後に文章化されるためである。いわゆる，ありのままに「主観化」されたもの

が文章になるという[43]。そして「主観化」につながる観察力の育成が記述文を書く際の基礎・基本になるということである。

(3)については，有名な古文でも意味が伝わってこないものがあると説明し，それらは①難しい文字や古い文法を用いたことと，②論理学の修養が足りないという二つの問題があると指摘した。この考えは，梁が，胡と同じように近代白話を推進し，西洋の論理学を受容した立場に立っているところに由来する。

しかしながら，中等教育において論述文を重視するという胡の考えに対して，梁は激しく批判している。梁は，まず「論述文に偏った教授法では，文章力を容易に伸ばすことができない」という。論文を書く創造的思考力を，短期間で身につけることはできないだろう。また，「教員が型にはまった論題を出すことは，剽窃，空論，思いやりのないことと偽りのあることを奨励することと同様である」[44]と述べている。これでは，「不健全な性格を形成すること」になり，「学術上においても道徳教育上でもすでにさまざまな悪い影響を与えてきた」と警鐘を鳴らしている。当時，白話文の教育がそれほど普及していないなか，梁が想定している論述文の教育は，従来の型にはまった文言の論述文の教え方であると捉えられた。そのため論述文の題目を出すときは，生徒にとって通り一遍である歴史上の題目（たとえば「項羽論」）や漠然として無限に広がりそうな題目（たとえば「民生は勤労にあり説」）を排除すべきであり，作文の課題は生徒にとって切実な問題でなければならないと提唱した。つまり，梁は，論文を通して創造的な思考力を育てようとする胡適の方法とは異なって，生徒の現実生活に寄り添い，とくに人間形成の観点から論文の教え方を考えたのである。

最後の論点は，文法と文章の構成のどちらを重視するのかという問題である。既述のように，胡は白話文・国語運動の展開において，文法を教えることを一貫して重視してきた。それに対して，梁は「文章は本来，自分の考えを他の人に伝えることにすぎない。文章の一部分は構成で，一部分は修辞である。……文章が良いかどうか，人を感動させるかどうかによる。修辞が決め手である。しかし，修辞の上達には天分が必要なゆえに，教員は生徒に文章を教えることはできるが，良い文章を書くことを教えられない」[45]と述べている。そこで，梁は，読む教育において，文の組み立て方に重心を置き，作者の考えの道筋を理解することが大事であると主張した。作文教育の際は「考えを整理する習慣

を育成すべき」とした。文を修正するときも,「考えがはっきりしているかどうか,組み立てが正しいかどうかに注意し,個別の誤字・脱字と短文の間違いは大した問題ではない」[46]と述べている。つまり,梁は文章を構成するために自らの考えを明晰に整理することを第一に捉えていた。

　以上をふまえると,両者とも文言と白話文の文学における審美的価値を評価し,書くことの論理性を重視する点において共通しているといえる。しかし,中等教育段階においてどのような国語の力を優先して生徒たちに身につけさせるべきか,という点においては根本的な違いが生じている。梁は,中等教育における基礎的・基本的記述力の育成と人格教育を重視している。彼は文言を白話文の根源として捉えているため,中学校では文言による記述文と実用文を教材として採用し,生徒に客観的な物事を捉える観察力,考えを整理して特定の相手に伝えることができるような書く力を育成すべきであると考えた。

　一方で,胡は,梁が考えた基礎的・基本的な国語力を初等教育段階の白話を通して育成されるべきものと考え,中等教育段階では,文言と白話の比較研究を通じて推論力・鑑賞力・批評力を身につけ,白話の小説・演劇などを通して新しい文学を創造するための想像力を生徒たちに身につけさせるべきであると主張した。実際に,胡はアメリカで博士学位論文を書いた頃から,中国哲学における論理的な方法論の欠如を問題視してきた。この問題を克服して新しい文学と哲学を創造するためには,中等教育段階の国語教育において,生徒たちに自ら文学を研究できるようになるための方法論の知見を身につけさせなければならないと考えたのである。つまり,胡は,知性は上流階級が占有するものではないと認識していたものの,実際のところ,アメリカ留学予備校という性格を有する清華学校において自分と同じようなインテリ層の子どもを対象に教育を行った。この点に関して,梁がどのような見解を示したのか,次項を通して明らかにしたい。

(3) もう一つの胡・梁論争

　もう一つの胡・梁論争は,胡適の「ある最低限度の国学書目」についてである。1923年初頭,胡は清華学校の生徒たちの要求に応じて,最低限度の国学の常識を身につけるための文献リストを試作して同校の『読書雑誌』に載せること

を承諾した。この文献リストにおいて，胡は国学の教養を身につけた人のためではなく，系統的な国学の知識を得ようとする一般の青年のためにこの文献リストを考案したと述べた。また「歴史的国学研究法」という名の下で，本文を(一)道具の本の部，(二)思想史の部，(三)文学史の部という3部に分けて，合わせて190冊以上に及ぶ書籍を「最低限度の国学の書目」として挙げたのである。それを読んだ『清華週刊』の記者は次のように質問の手紙を胡へ送った。

　　第1に，先生の言う国学の範囲は狭すぎると思います。文章のなかで国学の定義をしていませんが，文献リストだけを拝見すると，それは中国思想史と文学史しか指していないのではないかと思うのです。思想史と文学史は国学を代表するものなのでしょうか？　先生は『国学季刊』発刊の宣言において，中国文化史の系統を提案しました。その際は，(一)民族史，(二)言語文字史，(三)経済史，(四)政治史，(五)国際交通史，(六)思想学術史，(七)宗教史，(八)文芸史，(九)風俗史，(十)制度史を含めていました。中国文化史の研究が，すなわち国学であることは先生によって示されたのですが，どうして文献リストの文学史の後に，民族史や言語文字史，経済史の部を加えていただいていないのでしょうか？

　　第2に，先生が作った文献リストの範囲が広くないと思うとともに，先生が言及した思想史と文学史は深すぎて，「最低限度」の4文字に合わないと思いました。私たち清華の生徒のために最低限度の国学水準を設定する場合，まず私たちの時間，二つには私たちの位置づけという事実を考慮していただければと思います。私たち清華の生徒は中等科1年から大学1年までは，学ぶ時間が合わせて8年となります。8年の間に1人の生徒が必修の西洋課程のほかに，国学を確実に研究すると，どのような水準に達すことができるかを考えていただきたいです。さらに，清華の生徒はアメリカ留学の可能性をもつので，世の中の教育者は留学生に対してどのような国学のレベルを備えてほしいのかを，考えていただきたいです。先生の挙げた文献リストはどう頑張っても読み終えることができません。文献リストが多すぎて時間が少なすぎるからです。留学生が『大方広園了義経』や『元曲選百種』を読まなくても，当代の教育者は彼らが国学の最低限に

満たしてないことで非難することはないでしょう。

　よって，私たちは先生にもう一つの文献リストを作っていただきたいです。本当の最低限の国学文献リストというものです。その文献リストでは，機械工学の生徒であれ，応用化学の生徒であれ，政治経済を学ぶ生徒であれ，みんなが知るべき，学ぶべき本を載せていただきたいです。それによって，中国文化の概略が大まかにわかります。『読書雑誌』において挙げられた文献リストは，哲学専攻や文学専攻の人が参考にすればいいので，民族史や制度史の部の文献リストも継続的に提供していただき，それらの学科を深めたい青年にも道を示していただきたいです[47]。

　ここで記者が言う国学とは，国語とは異なり，中国文化・知識を代表するものであって，外国文化・知識を学ぶ際の土台とならなければならない一般教養であると考えられていた。それは，胡の文学的・思想的な国語の教養論とは明らかに異なり，国学と国語を区別しなかった胡への一種の批判と考えてよい。
　後に，胡の『清華週刊』記者への返信では，「1 点目について，私は思想と文学を国学の最低限であるという前提を暫定的に設定したためである。他の民族史や経済史などについては手の下しようがなく，その入門文献リストを提供しようもない」と回答した。「2 点目については，生徒の水準と時間について考えたこともあるが，清華の生徒のために作る文献リストと思うと，ついついレベルを上げてしまったのである。私の意図としては，この文献リストを使う人が，自分の能力に応じて選択して読めばよいので，いきなり狭い範囲を提供すると，伸縮する余地がなくなるのではないか」と反論した。また，胡は「留学生として『園学経』と『元曲選』を読めなくても非難されることはない」という点について検討の余地があると主張し，「国学の水準が非難されないからこそ，留学生は国学の本を読まなくなり，むやみに卑下し，海外では中国を代表することもなく，帰国した後も影響力をもてないのである」と，反対の意見を述べた。最終的には，「どうしても切実な最低限の文献リストを要求するならば」，妥協案として「元の文献リストのなかで，本当に欠かせないものに丸をつけて」，さらに『九種記事本末』を加えて合わせて 41 冊を国学の文献リストとして提供することとなった[48]。

1923年2月,『清華週刊』の記者は胡の返事で納得することができなかったためか,梁啓超に国学入門の文献リストとその読み方について執筆してほしいと依頼した。梁は両者の議論をふまえ,政治史・制度史も含んだ国学の文献リストを作るとともに,胡の文献リストについての評論文を発表した。

　そのなかで梁は,「胡君の文献リストには賛成できない。なぜなら,文章の内容が題とずれているからである。胡君は『国学の教養を身につけた人のためではなく,系統的な国学の知識を得ようとする一般の青年のために考えた文献リストである』と述べているが,むしろ『国学について初歩的な教養を身につけたが,系統がわからない』人のために設定したというのであれば,一部あてはまるかもしれないというものである。私が思うに,『清華週刊』の記者が胡君に教えてほしかったのは『商務印書館が作った教科書以外に,中国の著作を1冊も読んだことがない』青年のために考えた文献リストだったのである。そうだとしたら,胡君の答えはほど遠いものである」[49]と指摘し,批判した。

　続けて,胡が間違えた理由として,梁は2点を挙げた。「第1は,客観的な事実を顧みずに,自分の主観を立脚点として考えただけだったからである。胡君は中国思想史と中国文学史を研究しているので,この文献リストは彼の思想のルートと拠り所としての文献を示している(正しいかどうかを別としてここでは論じない)。しかしながら,一般の青年はみんな哲学史家と文学史家になりたいわけではないだろう。……第2に,読むべき本と常備すべき本を混同したからである。胡君が作った文献リストは,個人の読書の最低限ではなく,哲学史家と文学史家が所有する最小規模の図書館にあたるものだった。清華の生徒はちょうど図書館に入って何を読んだらいいのかで悩んでいるところであって,彼らに図書館並みの文献リストを挙げて何の役に立つというのだろう。個人で本を揃えるのはそう容易いことではない」[50]と,分析している。

　そして,梁は最も驚いたこととして,「国学の最低限度」の書籍には『三俠五義』『九命奇冤』があっても,『史記』『漢書』『資治通鑑』がなぜないだろうということを挙げている。つまり,歴史書を国学の最も重要な部分として加えるべきだと主張した。また,精選された文献リストだけではなく,それらの読む順序と方法も生徒に教えるべきであると述べている。さらに,『史記』を読んだことのない生徒に,『胡適史記探源』を読ませても本当の意味を理解するこ

とができるだろうかという例を挙げながら，基礎・基本的な国学として一次資料である原本を読むことの大切さを説いたのである。

　その後の胡による再反論は見当たらない。既述のように，1920年の「中学校国語の教授」においては，『史記』を含めた二十四史と『資治通鑑』を読めることを国語教育の目標の一つとして，胡は設定したのである。つまり，生徒の国語科における基礎・基本として，これらの歴史書を読めることを，胡は前提と捉えたのである。そのうえで白話の特徴と意義を強調する文学史と思想史の書籍を清華学校の生徒のために提供しようとした。しかしながら，梁の指摘したとおり，「読める」と「読んだことがある」のは違うことである。「読める」は能力であり，「読んだ」というのは行動である。行動を通してしか能力を捉えられない。目標を設定するだけではなく，目標に達成したかどうかをどのように点検したらよいかという読む力を評価する領域に，胡は踏み込んでいなかった。

　また，梁が指摘した「常備すべき本」と「読むべき本」の違いは，まさに教材選択の基準を考える際の重要な観点である。必要最低限の読書リストをどのように考えたらいいのか，国語と文学の専門家であった胡が考えた内容と，中国の固有文化である国学を身につけようとする清華の生徒のニーズの間に齟齬を生じるのは当然のように思われる。そこで，社会科学全般に視野を広げた梁だからこそ，その齟齬を見抜いて国学の読書リストを再編できたのである。つまり，胡が実践上においてインテリ教育のための教材づくりに力を注いだのに対して，梁はより一般的な大衆教育を対象に据えようとした。この論争は，やがて清華学校の生徒のための国学文献リストという文脈だけではなく，国語の具体的な教育方法に資するものに発展するようになった。後に詳述するが，夏丏尊の国語教材論にもこの胡梁論争から受け継がれたものがみられる。

小さなまとめ——近代国語教育方法論の萌芽とその課題

　ここまでは，五四運動前後を国語教育方法論の萌芽期として捉え，胡適を中心としてその文学改革・国語教育改革の理論と動きを追ってきた。胡の白話による文学改革のブレイクは偶然ではなく，それまで大衆文化によって育てられた豊かな白話小説の蓄積に基づいて，また新教育運動という時代の流れに応じ

たために起こった必然的な現象であると考えられる。胡をサポートする教育者がいなければ，彼自身の理論を発表することも深化することもできなかっただろう。まずは陳独秀の抜擢によって『新青年』という新しい文化を代表するジャーナルにおいて，胡は白話文学を提唱することができた。また，『建設的な文学論』によって白話運動と国語運動を一つの潮流に合流させ，加えて，デューイの訪中をきっかけに，プラグマティズムを国語教育改革における有力な方法論として樹立した。

周の人的文学は胡の「文学的国語，国語的文学」論を補完するものとして，子どもの再発見という近代の人道主義的な教育観を，児童文学を通して中国に広めた。しかしながら，周の子どもの生活と発達から出発する視点とは異なり，胡と梁は新学制の成立の要求に応じて，国語科という学校教育の系統性と科学性を構築することに着眼点を置いていた。ただし，梁は文言のなかで教材を掘り起こし，記述文を中心にした文章構造の法則と作法を見いだすことから近代国語教育の課題に対応しようとしたのに対して，胡は西洋的なプラグマティズムに接合した実証的な研究手法を，白話の文学を推進するための教材・文法・教授法を含めた国語教育改革論に生かしてきた。胡梁論争にまつわる教育課程・目標・教材に関する議論はまさしく，中国近代における国語教育方法論の萌芽としてみなすことができるだろう。

一方で，次のような二つの課題が残されている。一つめは，中等教育において，文学に対する鑑賞力・想像力および論述文に対する創造的思考力を重視するか，それとも，実用文を書くような観察力と緻密な記述力を優先するかという点である。二つめは，教材をどのように編成すればいいのか，という点である。さらに詳しく分けると，①基本的な題材として近代小説を取り入れるべきか否か，②白話か文言か，それぞれの分量はどう考えるのか，③生徒にとって必要とされる最低限の読む範囲とは何か，という三つになる。これらの国語教育における課題について，さまざまな解決策を講じた教育者の一人が，葉聖陶であった。そこで次に葉に焦点を合わせよう。

1) 盛兆熊・胡適「論文学改革的進行程序（文学改革の進行手続きに関する検討）」『新青年』第4巻第5号，1918年，2頁。

2) 同上論文, 5頁。
3) 王建軍『中国近代教科書発展研究』関東教育出版社, 1996年, 238-239頁。
4) 胡適「国語講習所同学録・序」『新青年』第3巻第3号, 1921年, 3頁。
5) 注音符号（ちゅういんふごう, ちゅうおんふごう）とは, 中国語の発音記号の一つ。現在はおもに台湾で用いられる。先頭の4文字「ㄅㄆㄇㄈ」からボポモフォ（bopomofo）とも呼ぶ。
6) 洪北平・何仲英編『中等学校用白話文範』1920年, 付録。
7) 朱毓魁編『国文読本』中華書局, 1920年, 3頁。
8) 周作人「児歌之研究」『歌謡週刊』第33号-34号, 1914年。
9) 周作人「人的文学」『新青年』第5巻第6号, 1918年12月。
10) 劉運峰「建設理論集・導言」『中国新文学大系』天津人民出版社, 2009年, 48-65頁。
11) 荀子（前313頃～前238頃）著書は『荀子』32編。性悪説の立場から, 礼法による道徳の維持を説いたもの。
12) 周敦頤（1017～1073）中国・北宋の学者。字（あざな）は茂叔。濂渓（れんけい）先生と呼ばれた。仏教や道教を取り入れた儒教の宇宙論を作り, 宋学(性理学)の祖と言われる。著「太極図説」「通書」など。
13) 周敦頤「文所以載道也。輪轅飾而人弗庸徒飾也。況虚車乎。(文は道を載する所以なり。華やかに修辞をきそっても, それは車の柄を飾るような物で, 虚飾である。載せている儒の思想こそが大事なのだ。)」『通書・文辞』
14) 周作人「児童の文学」『新青年』第8巻第4号, 1920年, 1-5頁。
15) 同上論文, 3頁。
16) 胡適著・姜義華主編『胡適学術文集・新文学運動』中華書局, 1993年, 312-313頁。
17) 同上書, 313頁。
18) 胡適「杜威先生と中国」『胡適文存』第2巻, 遠東図書公司, 1953年, 380頁。
19) 胡適「中学校国語の教授」『新青年』第8巻1号, 1920年, 2頁。1922年,「新学制系統改革案」の制定と同時に, 新学制における「課程標準」を作る必要があると胡が呼びかけたことで, 新学制課程標準起草委員会が教育当局によって組織された。胡は委員に選出されており,「国語課程綱要」（日本の学習指導要領にあたる）の作成にかかわっていた。そこで, 胡は組織と運営, または中学校における国語教育の選文リストを作るさまざまな仕事に携わることとなった。
20) 胡, 上掲論文, 1-2頁。
21) Hu, Suh. The Development of the Logic Method in Ancient China. (Order No. 0128352, Columbia University). ProQuest Dissertations and Theses, 1927, pp.1-6.
22) 胡, 前掲「中学校国語の教授」9頁。
23) 同上論文, 2-5頁。
24) 同上論文, 3頁。
25) 胡適「中学校の国語教学についての再検討」『晨報副鐫』（新聞の朝刊）1922年8月27日付。
26) 同上論文, 6頁。
27) 戊戌の変法（ぼじゅつのへんぽう）とは, 清王朝時代の中国において, 光緒24年（1898年, 戊戌の年）の4月23日（太陽暦6月11日）から8月6日（9月21日）にかけて, 光緒帝の全面的な支持の下, 若い士大夫層である康有為・梁啓超・譚嗣同らの変法派

によって行われた政治改革運動。日本の明治維新に範を取って上からの改革により清朝を強国にするという変法自強運動の集大成。あまりに短い改革の日数をとって「百日維新」ともいう。
28) 増田渉『中国文学史研究―「文学革命」と前夜の人々』岩波書店，1967年，166-169頁。
29) 胡適「論小説及白話韻文」『新青年』第4巻第1号，1918年，3頁。
30) 「開明専制」とは，当時の中国の状況に基づき，中国人民の政治能力が西欧式民主による議会制を実行する程度に達していないという認識のもと，まず中国の統治権を優秀な，開明的な人もしくは集団にゆだね，彼もしくは彼らによる専制的な統治を行い，その間に彼らによって人民に対して政治的な教育と訓練を施し，徐々に議会制度を主とする民主政治体制に移行させる，というもの（小島晋治・丸山松幸『中国近現代史』岩波書店，1983年）。
31) 梁啓超著・小野和子訳『清代学術概論――中国のルネッサンス』平凡社東洋文庫，1974年。
32) 狭間直樹編『共同研究：梁啓超――西洋近代思想受容と明治日本』みすず書房，1999年，序文。
33) 梁啓超「績渓諸胡（漢学者の家系）のあとを継ぐ胡適は，清代の儒学の方法を用いて学問を追求し，正統派の名残がみられる」『清代学術概論』中華書局，1954年，6頁。
34) 梁啓超「梁啓超致胡適信」『梁啓超年譜長編』上海人民出版社，1983年，922頁。
35) 胡適「胡適致陳独秀」『胡適来往書信選』上，中華書局（北京），1970年。
36) 陳平原「学術講演と白話文学――1922年の"風景"」『現代中国』湖北教育出版社，2002年，57頁。
37) もともとは清政府が設立したアメリカ留学予備校。1925年に大学部が設立され，1928年に中国本土における人材育成を試みるために「国立清華大学」と改称された。
38) 梁啓超「飲氷室専集之七十　作文教授法」『飲氷室合集』専集第1巻-第10巻，上海中華書局，1936年，1-41頁。
39) 2002年に梁啓超の手稿が8頁ほど新しく発見された。それは「中学校の国語教材は小説を採用すべきではない（中学国文教材不宜採用小説）」というタイトルで『中華読書報』（2002年8月7日付）に掲載された。2003年に陳平原編『現代中国』第3集に収録されている。
40) 胡，前掲「中学校国語の教授」3-6頁。
41) 梁，前掲「中学校の国語教材は小説を採用すべきではない」。
42) 梁，前掲「飲氷室専集之七十　作文教授法」2頁。
43) 同上論文，3-4頁。
44) 同上論文，41頁。
45) 梁啓超『中学以上作文教学法』中華書局，1925年，46頁。
46) 同上論文，53-54頁。
47) 匿名「付録一『清華週刊』記者からの手紙」『胡適文存』第2集第1巻，亜東図書，1930年，186-188頁。
48) 胡適「付録二　手紙への回答」上掲書，188-189頁。
49) 梁啓超「付録三　評胡適之的『ある最低限度的国学文献リスト』」前掲『飲氷室合集』，29頁。
50) 同上論文，29-31頁。

第Ⅱ部

国語教育論における継承と創造
―葉聖陶の場合―

第3章

国語教育標準の誕生と発展

　日本では,「中学校学習指導要領　国語科編」が中学校における国語教育カリキュラムの基準を示す役割を果たしている。それと同じような働きとして,中国では1923年に「中学校国語課程綱要」が公布された。それを起草したのが,小学校教師を経て国語教育評論家・教科書編集者となった葉聖陶 (1894-1988) である。新中国が成立した後,葉は中央教育部副部長および人民教育出版社の社長も務めた。近現代中国の言語教育の規範化,国語教育の教材・教授法・カリキュラムなどのさまざまな改革において大きな役割を果たしてきた人物である。本章では,葉の教育観や資質・能力を含めた目標論を検討し,近代的な国語教育カリキュラムの基準の成立と発展を探っていく。

第1節　中国の国語教育における葉の位置

　1894年に葉は江蘇省蘇州に生まれた。本名が紹鈞であるものの,聖陶と呼称されることが多い。中学校卒業後は,地元の小学校教師として勤め始めた。しかし,2年も経たずに旧派教師に排斥されて失業し,新聞・雑誌の投稿に頼って生活するようになった。1915年から上海商務印書館附属小学校（尚公学校）の国語教師として赴任し,それと同時に,上海商務印書館において小学校国語教科書の編纂も開始した。

　1917年から1921年の5年間は,葉が甪直小学校[1]に国語教師として勤めていた時期である。その5年間にわたって,葉は志向をともにする教師とともに,従来の封建教育制度からの多重の阻害を乗り越えて,教育課程・教材・教育方法についてさまざまな革新的な実践を行った[2]。たとえば,葉の取り組みの一つに,「教科書の自主編成,楽しい学習活動」があった。すなわち,従来の古文暗記授業の代わりに白話文の教科書を自主編成し,学習テーマに関連する教室内外の活動を中心にした授業を行った。もう一つは,生産活動である。すな

わち，葉は生徒とともに学校で「生生農場（先生と生徒の畑のこと）」を作って野菜を育てることをしたり，「利群書店（みんなに利便を提供する本屋のこと）」や博覧室（読書と議論の両方ができる図書室）を開いて自習的・主体的な問題解決・討論活動を行ったり，親・地域との連携活動を行ったりした。さらに，懇親会を開き，親・地域住民を招き，生徒たちが制作・上演した新劇を観賞させる活動を展開した。この小学校は葉聖陶実験小学校と改称されて現存している。しかしながら，葉の実践に関する史実は学校において語られているものの，詳細な実践記録は残されていない。

　1921年からの10年間，葉は中学校，大学，師範学校の国語教師として働きながら，上海商務印書館に招聘され，『小説月報』や『婦女雑誌』の編集を担当した。最初は，上海呉淞中国公学に勤め，次に朱自清[3]の誘いで杭州の浙江一師（現在の浙江師範大学）に転職し，さらに蔡元培[4]などの招請で，相前後して北京大学，上海復旦大学，神州女学，福州協和大学，上海大学，立達学園など著名大学・中学校で国語教育を担当した。また，中国における「文学研究会」の創始者の一員として，葉は童話，小説，散文などさまざまな作品を創作した。その文学関連の業績は広く研究されており，日本においてもすでに紹介されている。しかし，70年をかけて国語教育を模索し続けてきた教育家としての葉の理論と実践に関する研究はいまだに数少ない。

　葉の理論と実践を総合的に捉えようとする第一人者としては顧黄初がいる。顧は，葉の語文教育貢献史を，初期の教育実践期（1912-1931），中期の編集・著作期（1931-1949），後期の組織・指導期（1949-1988）という3つに分け，それぞれの時期における葉の教育活動や理論を総括した。とくに葉は20年にわたる初期の教育実践期において，中期の編集・著作期と後期の組織・指導期の土台を築いたと述べている。この教育実践期がなぜ重要であるかということについて，顧は次のような3つのポイントを挙げている。

　第1に，幼児教育・初等教育・中等教育・大学までの国語の課程をすべて教えた経験があったからこそ，葉は児童から成人までの言語発達過程を観察し，教授・学習の法則を把握し，各発達段階における教育内容と方法の区別と関係を会得し，国語教育の全体像を描くことができるようになったことである。

　第2に，この時期に，葉は欧米の先進的な教育思想と教育方法を吸収し，そ

れらを実践において検証することによって，独自の教育思想体系を形成したことである。五四運動のあと，バートランド・ラッセル[5]，デューイ，ポール・モンロー[6]が相次いで訪中し，彼らの哲学や教育理念を広めた。葉は意欲的にデューイ夫妻の講演会に参加し，プラグマティズムの教育理論と方法における興味・関心を高め，生活重視・児童中心の教育方法を取り入れ，国語教育現場で実施した。

第3に，葉は従来の教育方法が児童・生徒の心身ともに健全な発達を妨げることを痛感し，中小教員の地位と生活水準の低下をもたらした社会現実を認識・体感したことである。そのため，葉は文学作品において教育の現実と理想を語り，封建的思想・制度を批判し，児童・生徒の国民としての主体意識を喚起しようとしたのである。

続けて中期の編集・著作期では，葉は開明書店に入社し，実践を理論として結実させる多産の時期を迎えた。この十数年間，葉は『開明小学校国語教科書』，『初級小学校国語教科書』『国文百八課』『開明新編国文読本』（甲類：白話文，乙類：文言）『開明新編高級国文読本』『開明文言読本』など初等・中等教育の国語教科書と『中学生』『国文月刊』『国文雑誌』などの教育雑誌の編纂・校正に力を注いだ。また『作文論』『文心』『精読指導例（精読指導挙隅）』『略読指導例（略読指導挙隅）』など，葉が執筆した数多くの国語専門書も出版された[7]。

このように，顧は，葉の近現代国語教育の改革に対する貢献と役割を総括することに研究の重心を置いている。しかしながら，教育実践期における小・中学校の国語カリキュラム編成の内容と方法の中身の検討は行わなかった。

さらに，近年，葉が文学者であり，教育家でもあるという二重の性格をもつ点に注目した研究が行われ始めている。韓淑春は「近現代の研究分野において，葉のような文学者の作品における教育思想が研究されたことはほとんどない。これまでの研究においては，単なる文学者，あるいは教育家という単一の角度から葉を捉える場合が多い。それは，彼の文学者と教育家という二重の性格における教育思想の特殊性に対する認識が足りないからである」[8]と指摘している。韓は，葉の第1冊目の教育小説の『倪煥之（にはんし）』（1928）を中心に取り上げてそこに表れた教育観を分析している。この小説では，辛亥革命から十数年間という背景下において，主人公の倪煥之は，当時の社会改良主義の若者

と同様に「教育救国」の理想を抱え,さまざまな教育改革実践を行う。だが,最終的に理想が破滅し,社会革命に迫られて,憤懣が鬱積して死んでしまったという話である。

韓は,この作品における教育思想が内包するものを,次の4点にまとめている。1点目は,児童認識に関するものであり,「心理学や倫理学の範疇にかかわる人間の『特性（性）』と『習性（习）』を考察しないと,児童の特性と習性を発達させることができない」[9]ということである。2点目は,能力開発教育を行うこと,つまり,「何でも児童に与えるのではなく,そのかわりに適切な境遇を提供し,児童自身に探究させ,発達させる」[10]ということである。3点目は,教育活動において,強制ではなく,誠意をもって児童を感化することが大切であることである。4点目は,農村の生産活動に寄与する教育の重視,および農村教師の育成を提唱することである。

これらの教育観は葉が抱えた「教育救国」思想の反映でありながら,最後に主人公が死んでしまう結末は葉の社会改良主義に対する幻滅であると解釈されている。つまり,当時,胡が代表とされた社会改良主義の知識人は,教育を通して精神的に抑圧された民衆に対して民主的な思想を啓蒙することによって,徐々に中国を存続の危機から救い出し,国民国家として正常な発展の軌道に乗せようという改革の目標があったと韓は捉えている。しかし,当時の中国を救ったのは,社会改良主義者による教育改革ではなく,それまでの社会制度を根本的に変えることができた共産主義者による徹底的な革命であったという。よって,プラグマティズムは一定の教育的効果をもたらしたが,それは不徹底な社会改良主義の一手段にしかすぎないと韓は判断しているのである。実際のところ,プラグマティズムは,新中国が成立してからの長い間,その不徹底性がしばしば共産主義者によって批判されてきた背景があるため,本当に葉はプラグマティズムに失望したのか,検討の余地が残されている。

また日本において,成實は,作文論にとどまらず,葉の閲読論（読みの授業論）について,「当時の中国にあって,児童中心主義的な,啓発的な読みの教育の提唱がすでにおこなわれていたということは,評価すべきてあり,注目すべきことである」[11]と評価している。ただし,葉が教育方法論について提唱する著作を残した一方で,葉自身による実践記録が存在しないということが研究上の

難点として指摘されている。

このように，これまでの研究では，葉の国語教育が検討される場合，その理論は実践とは切り離されて検討されてきた。しかし，白話文運動・国語運動が推進される時代の流れのなかで，葉の国語教育や作文教育の方法論において，プラグマティズムがいかに継承され，発展したのか，いまだに解明されていない。さらに，近代国語教育における葉の位置づけ，およびその国語教育方法論の特徴を明らかにするためには，時代の流れをおさえつつ，葉の理論と彼自身が実践に基づいて開発したカリキュラムに照らし合わせながら検討する必要がある。

第2節　旧教育への批判と提案

1917年，アメリカのキルパトリック（Kilpatrick, W. H., 1871-1965）が編み出した「児童中心」のプロジェクト・メソッド（設計教学法）が中国に導入され，1921年に「小学校プロジェクト・メソッドの推進法案」が全国教育会連合会によって可決された。また，1927年キルパトリック本人の訪中によってプロジェクト・メソッド実験小学校の建設がブームになった。それらの小学校における教育は主に「作業中心の大単元学習」と「各教科におけるプロジェクト・メソッド」の2種類に分けられる[12]。

このプロジェクト・メソッド・ブームを支えた根源は，1919年に訪中したデューイの提唱した「学校即社会」「教育即生活」[13]という教育哲学思想にあった。キルパトリックはデューイの教え子として，まさにデューイの思想を具体化する教育改革を指導する使命を負い，中国を訪問したのである[14]。その後，デューイの弟子である陶行知，胡適，陳鶴琴（1892-1982）が生活教育を提唱した教育改革の先頭に立ち，平民教育，師範教育，文学教育，幼児教育等のあらゆる面でプラグマティズムの教育思想を広めた。

その後，1925年にドルトン・プランの創始者であるアメリカのヘレン・パーカースト（Parkhurst, H., 1887-1973）が訪中し，小・中学校においてドルトン・プランの教育実験ブームを起こした。しかし，これらの実験において，国語科におけるドルトン・プランの優位性が見えないという結果が出てしまったこ

と[15]、さらに系統性が欠如しているために断片的知識しか得られないことや、教師の負担が重くなったことが問題とされた。ゆえに、ドルトン・プラン・ブームは早くも1930年代には近代中国教育の表舞台から姿を消した[16]。

これらの教育改革ブームは、主として新しく成立したさまざまな進歩的な教育団体により推進された。当時、最も影響力をもった教育団体は、中国科学社、全国教育会連合会、中華教育改善社、中華平民教育促進会であり、そして青年たちに最も擁護されたのは新潮社であった。

1919年に、葉聖陶は新潮社のメンバーとして、「小学校教育の改造」[17]という論文を発表し、次のように近代の学校教育を批判した。「これまで小学校教育に携わった人々は、児童が学校に求めるのは先人の知識と自らの道徳を制御することだと考える。彼らは、知識は授与できるものであり、道徳は修行できるものであると捉える。授与の方法は暗記と練習、明確な解説であり、授与されたのは知識そのものであるという。道徳の修行は児童の日常の習慣や趣味とはいっさい関係なく、ただ抽象的な概念に即した特殊な生活を送ることを意味する。もし児童が知識を受容できない、あるいは特殊な生活に慣れないとしたら、彼らは児童を訓戒したり、落第させたり、または学校から除名したりしている。［中略］このような教育の結果は、多くの児童が教育から幸せを得られなくなる。学業と品行が優れた児童もいるが、それは小学校教育の普遍的な効果ではない」[18]。これが、数十校の小学校とその教員を通して見た小学校教育の現状と問題である、と葉は論じている。

続けて、葉はなぜそのような問題が起きたかを検討している。「児童はそれらの知識と道徳を生活に必要としてはおらず、当然意欲と興味をもたないからである。ただ教師の督促・訓導があったために、児童は理解し、記憶し、練習せざるをえなくなるだけである」[19]。また、小学校教師は「児童の心理を過度に単純化し、機械的に捉えるために、理解、連想、練習、応用を個々別々に独立したものとして捉え、それらの間に存在するつながりや統合的な関係を認識できなかったのである。これは教科教育の場合においても、教科を別々として捉える弊害である」[20]。葉が言うように、教師の育成と教科教育の問題を絡めて、「現今」の学校教育の問題が発生している。ゆえに、学校教育を行う際、教師側が児童の学習心理の各要素を分離して認識するのではなく、その連動性と統

合性を前提として捉えなければならない。また教科教育の場合も，教科の枠を超えて，各教科をまたがる教育内容と方法いわゆる，教科横断的な領域論・方法論が必要であると考えられたのである。

さらに知識に関して，葉は「知識は授与されるものではない。なぜなら，知識は学習者の主観的な欲望と興味の結晶だからである。主観を離れた知識は知識とは言えない」[21]とする。また，「たとえ本で読んだことや講義で聞いたものであるとしても，それは彼らが必要とするものや自らの探究の成果でなければ，真の知識にならないのである」[22]と述べている。つまり，知識というのは，学習者が試行錯誤のなかで自ら探究するものであり，それこそが行動を促し，知識と行動を統一した「真の知識」になると葉は考えたのである。

そこで，児童が「真の知識」を求める動機は，次の3つの要点から説明されている。第1は，「本能」という点である。「本能こそは教育の原料である。教師は児童の本能を軽視するのではなく，その本能を価値のあるものに形成するのを助けるべきである」[23]。つまり，児童の生まれつきもっている性質や行動に善良な傾向があれば，教師はそれをできるだけ伸ばすように導く。一方，もし悪い傾向があれば，それを妨げるのではなく，何らかの方法によって善い面に転じるように導くべきである。第2は，「欲求」という点である。それは，「合理的・系統的な道筋において，児童の知識・行動・快楽を求める欲求を満たすように導く」[24]ことによって，児童の活力と創造性を発揮させることである。第3は，「興味・関心」のことである。「人々の生活はその人の興味・関心の広さと深さで決まる」ので，「今後の教育は，児童の興味・関心を広げることに力を入れ，彼らに生涯にわたる習慣を育成させるべきである」[25]と葉は主張している。

このような教育思想は明らかに従来の学校教育の硬直化を問題視し，知識の詰め込みではなく，知識を求めるという行動における児童の生活性と心理性を捉え直した。とりわけ，①必然性をもった実験的探究における自主的な行動と一致した「真の知識」観，②実生活・実社会と離れた教科教育の欠陥とそれを補うための総合的な作業と活動（すなわち，生活性）の必要性，③児童の「本能」「欲求」「興味・関心」のような内面的な動機（すなわち，心理性）の重視，といった3つの観点がその「児童本位」の教育観の根底にあると指摘できる。

第3節　白話文教授の目的

　1919年の五四運動[26]以前，教育現場の作文はすべて文言文であった。清末の変法自強運動のなかで，中国の近代化のためには国民の識字率を上げる必要があると考えた論者が「文言文の廃止，白話文の採用」を主張した[27]。しかし，1912年に中華民国が成立したにもかかわらず，民主主義の発展の逆流として袁世凱によって封建制度と文言教育が復権された。それに対して，新文化運動が勃発し，葉もまた新文化運動の推進者の一人として，1919年1月1日に『新潮』の創刊号に「小学校作文教授に対する意見」（以下，「意見」と略す）を開陳した。

　そのなかで葉は教育内容の文言に対して，次のように四つの弊害を指摘した。①ほとんどが学問や政策に関わることで，小学生の生活・立場と関連がない，②時代や境遇によって個人の感想が異なるために，文章の本当の意味がわかりづらい，③論理的な文言は，連想が豊かな一方で，帰納的な論述が欠けているため，児童生徒に論理的思考力をつけさせるのに不十分である，④叙情的な文言のなかで，心配や遺憾なことを内容とする文章が多く，児童生徒の「孟晋之気（向上・進取の気性）」を損なうことになる，という点である。また文言を勉強するのは文学の変遷や社会体制の沿革などを研究するための文学者の仕事であり，小学生のすることではないと指摘した。この点については，記述文を教える材料として文言を利用することを提唱し，白話小説を研究・鑑賞するのは文学者の仕事であるという梁の主張とは対照的であった。葉が意識したのは小学校の児童に対して，梁が意識した教育の対象は中高生という発達段階の違いがあることも見過ごすことができないだろう。

　また，小学校作文教授の目的は，「児童が文字で素直に感情を述べ表すとき，言語のわだかまりがないようにできること。そして，素朴な理論を展開するとき，誤りが生まれないようにできることである」[28]と，葉は述べている。とくに児童の作品を訂正するとき，「意味に間違いがなければ，不完全なところがあっても足すことは不必要であり，語句が通じる場合は，洗練された言葉としての添削も必要ではない。なぜなら，意味の不完全さは児童生徒がより高次な

認知水準に達していないことを示すだけであり,間違いなどではない。教師が付け加えた内容に関しても,後に児童生徒の認知水準が高まり,能力を伸ばしたときに必ずしも児童生徒は納得できないだろう」[29]と論じている。そこには,正確なレトリックや巧妙な全体構想よりも,その場での児童の素直な感情と整然とした理論を重視し,育てようとする葉の児童中心的な考えがある。

　1922年,葉は『新潮』で発表した論文のなかで「国語科教授には,児童を上達させる算数のような公式がなく,多くの教師は,とくに国語科の個人差に対しては仕方がないとため息をついてしまう。……児童の学年が上がっても,教授方法はいっさい進展がない。この問題の根源は教師の誤謬観念にある」[30]と指摘した。具体的には,第1に,児童心理を理解せず,児童本位の教授によらない,第2に,国語はその教授が形式化している教科にすぎないという観念である。第1の「誤謬観念」は,不当な教授態度を引き起こす。つまり,児童が国語を自身の要求として求めるのではなく,大人の要求によって国語が押しつけられるようになる。第2の「誤謬観念」に陥ると,文章の内容と表現方法が軽視されやすくなる。国語を学習する目的が「読める,覚える,話せる,書ける」ことであれば,児童が感受・認識できない内容と表現方法であっても形式的に教えればいいのだという考えが生まれてくる。

　そこで,国語教授の改革を成功させるために,まずこれらの「誤謬観念」を修正しなければならない。そのために葉は,第1に,国語科を児童の要求に応じた学科と認識し,児童の全生活に適応した環境と条件を設定しなければならないとする。葉は「児童はその環境・条件のなかで,すべての必要が内面から発生し,教師はそのつど導いたり,教授したりすればよい。教師はあえて児童に国語を教えるのではなく,かれらが記録・発表・朗読・参照する要求が生まれてくるときをねらって国語を教えるのである」[31]と,国語教育のあり方を捉えなおした。

　第2に葉は,国語科は児童の精神を進歩・発達させる学科だと認識する必要があるとした。「児童になぜ国語が必要かと言えば,自らの感情・思考を鍛え,豊かになりたい欲求があるからである。一方,感情・思考を表現する方法を訓練しないと,上達しない苦しみが生まれてくる。それを認識したうえで,児童のために特別に設定された学習環境のなかで,かれらの精神を発達させ,感情

を豊かにさせ，思考を綿密にさせることは国語教授を成功させる根本的な方法である」[32]。葉はこの「根本的な方法」を用いた後に，「記述・記録などの形式的な方法を教えればよい」[33]とする。

さらに，さまざまな改革方法を実施しようとするとき，まず現場の教師たちの教育観の分析とその問題の発見なしには，新たな教育観を広めることは無理だろうと葉は考えた。「小学校教育の改造」において指摘したような「学校教育は，児童生徒が自らの真の人生観を確立していくことを手伝うために行われるものであり，教師は子どもたちの助け合う仲間である」[34]という教育の根本的な出発点と立脚点を教師たちが認識してから，新しい作文・国語教授が本当の意味で実施されるようになるのだという。

また，「教師として，子どもたちが授業を受けたり，遊んだり，活動したりする姿をよく見ていれば，教材や指導方法を子どもたちの方から学ぶことができた」[35]と葉は述べている。ここでは，葉は児童生徒の主体性を重視するよりも，むしろ教師の主体性と柔軟性を強調している。教師は，児童生徒と同一の立場にたちながらも，児童生徒の生活をより進歩的・積極的な方向へ導く役割を果たすのである。こうした教師は，児童生徒との共同生活のなかで，ともに学び合い，ともに進歩・発達することができるとされている。これは教師の学識水準や教育能力を向上させる核心的な観念であると葉は捉えている。中国では，「教育の決定要素は葉が支持した方法論ではなく，教師の学識水準と教育能力に置くべきだ」[36]という見解があった。葉の国語教育論を考察するにあたっては，学校生活に根差した方法論こそを国語教師の学識水準と教育能力を支える重要な土台として位置づけるべきだろう。

第4節　中学校国語課程綱要の制定

1922年，胡適を中心とした新学制課程標準起草委員会では，葉が『初級中学校国語課程綱要』（以下，『綱要』と略す）の立案を担当した。以下，『綱要』の目標と内容をめぐってカリキュラムのアプローチから葉が想定した国語教育の目的と内容について検討する。

(1) 教育目標の改訂

　カリキュラム論の観点から国語教育研究を行うとき，まず教育目標の問題を解決しなければならない。これは葉が自らの教育理論と実践においてつねに提起している重要な課題である。

　1912年，新しい北京政府の教育部が公布した『中学校令施行細則』では国文科の教育目標を「普通言語文字を理解し，自由に思考を発表することができ，高尚な文字もいくつか理解し，文字の教養を養い，知徳の啓発を兼ねる」[37]と規定した。ここでは，「普通言語文字」と「高尚な文字」それぞれが近代文語文と古代文言文を意味しており，これらは人々が現実生活の文脈において使っている口頭語や白話とは異なった。ゆえに，当時の目標はただ紙面上のものであり，自由に思考を発表することは到底実現できなかったのである[38]。

　一方，1923年に葉が起草した『綱要』によると，「目標は，①生徒に自由に思考を『発展』させる能力をつける，②生徒に簡単な古代の書物を読むことができる能力をつける，③生徒に，文法に合致し，筋の通った文章を書ける能力をつける，④生徒の中国文学を研究する興味を引き起こす」[39]と書かれている。

　①について，1912年の『中学校令施行細則』における「発表」という言葉は「発展」に変わった。「発表」とは，内部にあったものが，外へ向けて現れることであり，「発展」というのは，より高次な段階に進むことである。こういった意味的な相違に現れたとおり，葉があえて「発展」という言葉を使う目的は，中学校国語教育において，内部にあったものを表現するだけでなく，より高次の思考にレベルアップすることができるような学力を生徒につけさせようというねらいがあったからである。

　②について，「古代の書物を読む力」を提起した。白話文運動の成果として，小学校において白話教科書が普及した。しかし，中学校において，白話か文言のどれを中心にするのかは長い間議論された問題であり，胡梁論争がそのなかの典型例であるといえよう。古代の書物のなかには，優れた文化遺産がたくさんあり，それを受け継ぐためには，中等教育段階において文言を教える必要があると胡も認めている。そのための「国故整理（胡が提唱した中国の古典を整理して教材として提供する活動）」であった。「課程標準」においては，胡の意見も

ふまえ，簡単な文言を読めることが国語教育の目標とされている。

③の「生徒に，文法に合致し，筋の通った文章を書けるようにする」とは，まさしく作文教育に関する目標である。小学校段階で求められるような思考や感情をそのまま表出するだけのものではなく，文法を習得し，筋の通った文章表現をめざしているものである。ここにも，胡梁論争の影響がみられる。胡は，1920 年から 1922 年にかけて「文法を実習する道具として捉えるべき」と，ますます文法を重視する考えを固めた。一方，梁は，中学生として，筋の通った記述文を書けることを第一の作文教育の目標として捉えている。葉は胡と梁の作文教育の目標に関する見解を統合し，「生徒に，文法に合致し，筋の通った文章を書ける能力をつける」という目標を編み出したと考えられる。

④の「生徒の中国文学を研究する興味を啓発する」について，もともと葉は新教育の影響を受けており，知識の獲得と児童の「本能」や「欲求」，「興味・関心」のような情意面の結びつきを重視している。また，児童文学の創作者として中国の文学をさらに発展させてほしいという願いもある。そのため，まず生徒の文学を研究する興味を引き起こすことを提案した。もし，①②③における記述を認知面の目標として捉えるならば，④は，まさしく情意面の目標に対応するだろう。

このような目標のもとにある中学校教育における要旨は，次のように述べられている。「中学校の教育は，小学校国語課程とつながっている。文字の運用能力が十分に練習され，文学の趣味を養い，白話文の理解から，文言文の理解ができるようになり，浅きから深きへと，それはまるで一円周の如くである。これらは高校の国語科の基礎となるのである」[40]

このように，葉は白話文運動を推進した「国語的文学，文学的国語」に寄り添いながらも，文言を文学の素養として捉え，文言が白話文の基礎となるという梁啓超の考えも取り入れのである。また，葉が認知目標と情意目標の両方を取り入れた目標論を確立したことは中国近代教育において何よりも大きな進展であったといえよう。

しかしながら，白話文運動による言文一致の要求がさらに強くなるにつれて，後に国語教育者の穆済波[41]はかつて自分が賛同した『綱要』を次の２点について批判した。第 1 は，古代の書物を中心にした教育目標は間違いであるという

点である。この目標を「改訂しないと、時代遅れになり、中学校国語教育の前途が見えなくなる」[42]とコメントした。第2は、「国語科の生徒たちに対する徳育・知育の働きかけが完全に無視されている」[43]という点である。つまり、国語科においてこそ、生徒の知力を伸ばすとともに、品性、愛国心と道徳心を高めていくべきであるとする。

第1点目について、葉は1940年に「現在の新聞記事、公文書などにおいては、文言が使われなくなった。固有文化については歴史教科書に要領よく記されている。だから中学生はもう文言を学ぶ必然性がなくなった」[44]と穆の意見にほぼ賛同している。しかし第2点目について、「国語は公民科や道徳教育になってはいけない。内容上では教育的意味を考慮するが、方法上では、国語を教科として設立した本旨、いわゆる、読み書き能力の育成という本来の目的を忘れてはならない」[45]と注意を喚起している。つまり、国語という教科においては、道徳的な訓育を目標として『綱要』に入れるのではなく、主として読み書きに関する基礎・基本的な知識・技能の習得という側面の目標として捉えるべきであると主張したのである。また、葉は、知識を生徒に必然性のある主観的・実験的探究から生まれるものと捉えていたために、訓育を『綱要』に強く規定する必要がないことを主張したのであろう。これは、まさしく、デューイのプラグマティズムにちなんで、探究の精神を育成することを重視する「知育と訓育の一元論」である。中国において、プラグマティズム教育は「子どもの育成における知識の重要性を無視した」[46]とよく批判される。そこで、葉の場合と同じように、まず求められるべき「知識」とは何かというところから検討を始める必要がある。そうすると、ただ方法論への批判として終わらずに、プラグマティズム教育に対してより全面的に評価することができるようになるのである。

(2) 教育内容の改革

教育目標に続き、「なにを教えるか」、つまり教育内容の規定はカリキュラム編成にあたって重要な課題となる。一般的に、教育内容の範疇には科目の設定と教材という二つの側面があると考えられる。ここでは主に、中学校における国語という科目の設定・変遷をたどって『綱要』における意義と課題について

検討する。

　序文でも言及したが，1903年清政府が「奏定中学堂章程（日本における中学校教育法および学習指導要領にあたる）」を公布した。そのなかで，初めて読書，作文，習字および中国歴代文章名人概略の四科目からなる「中国文学」という国語の科目を新設した。1913年に，中華民国臨時政府の教育部は『中学（校）校令施行細則』に基づいて「中学校課程標準」を公布し，そのなかの国語科である「漢語文科」は，講読，作文，習字，文字源流，文法要略および中国文学史という6領域から構成されると規定した。前の「奏定中学堂章程」に比べると，文字源流と文法要略という新しい科目が加えられ，基礎・基本的な知識が重視されはじめた。

　葉はこれらの成果をふまえながら，新学制にふさわしい『綱要』として，学習活動の視点からこれまでのカリキュラムの領域を再構成した。そのなかで，作業課程および卒業要件・授業時間数，単位数について新たな規定を付け加えた。それらの内容を簡潔にまとめると，表3-1のようになる。

　表3-1の内容を『綱要』に照らしてみると，主に次の3点の特徴が挙げられる。第1は，これまで国語科において「読書」と規定された科目を，初めて「精読」[47]と「略読」[48]という2項目に分けた点である。精読は伝統的な読み方である「涵泳[49]（熟読）」に民主主義的な「全体討論」を加えたものであり，略読は「古今東西の書物をあまねく読むこと（博覧群書）」[50]を討論活動と連携させた読み方であるとされる。なお，「精読」と「略読」を保障するには，「読書ノート」が最も

表3-1　『綱要』における国語必修科目構成（1923年発表）

科目および単位数配分（計32単位）			各学年における週間授業時数配分		
			第1学年 6時間	第2学年 6時間	第3学年 5時間
1. 読書	精読　14 略読　6	合計：20単位	読書3 作文2 習字1	読書3 作文2 習字1	読書3 作文2
2. 作文	定期作文　　　　　2 不定期作文・記録　2 定期文法討論　　　3 定期演説・弁論　　3	合計：10単位			
3. 習字	名人筆法鑑賞　　　1 楷書または行書臨模1	合計：2単位			

出典：葉聖陶「新学制初級中学課程綱要（草案）」『教育雑誌』1923年5月，3-7頁をもとに筆者作成。

有効であるとされている。「読書ノート」は、本を読むときに思いついたことを記録するものであり、図表の形式であれ、文章の形式であれ、そのつど読本の性質によって選択すればいいというものである（「読書ノート」の詳細については、第9章を参照）。

第2は、「作文」を「定期作文」、「不定期作文・記録」、「定期文法討論」、「定期演説・弁論」という4項目に細分化したことである。つまり、作文の練習には、通常の命題作文のほか、自由作文や文言から白話への訳文、文法の研究、記録、演説・弁論をも含むべきということが明文化されたのである。

このようなカリキュラムには、次のような三つの優れた点が挙げられる。一つめに、授業中の定期作文の訓練を重視しながら、授業内外での不定期の文章記録の訓練をも重視することで、互いに相補する効果がある。二つめに、文法学習・研究における方法が革新的なものとなっている。『綱要（草案）』では、「文法の研究というものは、機会に応じてするもので、帰納的に文法を比較して、文章の通則を導き出すのである。作文中が最も文法を研究する機会が多い。だから作文を書くことも、精読と関連させて指導するべきである」[51]と書かれている。つまり、教師からの一方的な注入ではなく、生徒たちに自ら文章の法則を発見・探究させている。これは当時、帰納法を含めた西洋的な論理学が中国の作文教育へ与えた影響を反映している。三つめに、文章での表現力だけではなく、口頭での表現力の育成も重視されている。「演説と弁論は、最も思考を整理し作文の助けとなるため、作文の条項の下に系統づけるべきである」[52]と『綱要（草案）』に述べられている。つまり、葉は西洋的な「演説・弁論」を、口語作文の形として伝統的な文章観のカテゴリーに引き入れたのである。もし命題作文、記録と文言から近代の白話への翻訳を従来の作文教育から継承されたものであるとみなすならば、自由作文や文法の研究、または演説・弁論はまさに胡適の中学校国語教授の構想にヒントを得たものといえよう。

第3は、これまで曖昧であった中学校を卒業するための最低国語基準を初めて明確に規定したことである。『綱要（草案）』では、「卒業最低水準は(1)普通参考書籍を閲読し、大意が理解できること。(2)普通の実用文が作れ、その意図が明確であり、文法に大きな誤りがないこと。(3)最近の文学作品を鑑賞できること」[53]と説明されている。(2)については、梁啓超から提唱した中学校において

実用文を中心に教える趣旨が受け継がれている。(3)については、胡適が重視する文学作品の鑑賞力の育成を国語教育の目標の一つとして位置づけている。つまり、中学校を卒業するために、国語必修の32単位をそろえればいいのではなく、このような国語学力の最低レベルに到達しなければならないということが示されている。

　葉の教育思想と実践は、国語カリキュラムの素案を提供した胡適をはじめ、多くの国語教育についての研究者からの示唆を受けており、いわゆる伝統的な中国文学教育論と五四運動以来の進歩主義的な教育改革の結晶である。『綱要』は、中学校国語教育目的と内容において、知識の詰め込み主義から生徒の主体性を重視した教育へと重大な転換を示した点で、近代国語指導要領の里程標になった。ただし『綱要』においては、中学生の国語学力の基礎・基本に関する具体的な規定がなく、評価指標の曖昧さが一つの限界であることを指摘しておこう。次章では、国語科において最も議論された作文教育に焦点を合わせ、葉がこれまでの論争をふまえてどのように問題を乗り越えられたのかを見ていく。

1) 現在の蘇州葉聖陶実験小学校。
2) 『葉聖陶と甪直』蘇州学報、1985年、31頁。
3) 朱自清（しゅじせい、1898-1948）は、中国の著名な詩人、エッセイスト。
4) 蔡元培（さいげんばい、1868-1940）は清末民初の政治家、教育家。中華民国初代教育総長を務め、1916年から1927年までは北京大学学長（1923年以降は北京大学を離れており名目的な学長）として北京大学改革を行い、学術と自由の校風を確立した。
5) バートランド・アーサー・ウィリアム・ラッセル（Bertrand Arthur William Russell, 1872-1970）イギリス生まれの論理学者、数学者、哲学者のほか、教育学者・教育者・政治運動家としても活躍する。
6) ポール・モンロー（Paul Monroe、1869-1947）、アメリカの教育学者、教育史学者。
7) 葉聖陶『作文論』商務印書館、1924年。葉聖陶・夏丏尊『文章講話』開明書店、1928年。『中学生』開明書店、1930年創刊・『教育雑誌』第17巻第3号、商務印書館、1930年。葉聖陶編・豊子愷絵『開明国語課本』上下巻、開明書店、1932年。葉聖陶・夏丏尊・宋云彬・陳望道編『開明国語教材』第1-3巻、開明書店通信教育学校、1934年。葉聖陶・夏丏尊『文心』（朱自清、序文）開明書店、1934年。葉聖陶・夏丏尊『国文八百課』第1-4巻、開明書店、1936-1938年。葉聖陶『文章例話』開明書店、1937年。葉聖陶・夏丏尊『閲読与写作』開明書店、1938年。「国文随談（中学校国語に関する検討）」『文史教学』1941年。葉聖陶・朱自清『精読指導挙隅』商務印書館、1942年。『国文雑誌』文光書店、1942年。倉石武四郎編『葉聖陶文章例話』生活社、1944年。葉聖陶・朱自清『国

文教学』開明書店，1945年。葉聖陶・朱自清『略読指導挙隅』商務印書館，1946年。
8) 韓淑春「論葉聖陶的教育小説」『華中科技大学 修士学位論文』中国知網，2004年，4頁。
9) 葉聖陶『倪煥之』人民文学出版社，1928年，57頁。
10) 同上書，131頁。
11) 成實朋子「中国近代国語教育の研究：葉聖陶の閲読教育論」全国大学国語教育学会発表要旨集，1994年，46頁。(同論文は『国語教育学研究誌』第15号，1994年所収)
12) 鄭国民「小学国語教学的産生和発展（小学校国語教育の生成と発展）」中国基礎教育網，教育部基礎教育司，教育部基礎教育課程発展与研究中心，北京師範大学運営。
13) デューイ，J. 著・松野安男訳『民主主義と教育』岩波書店，1975年。
14) 李春「デューイ訪中講演とキルパトリック訪中講演の比較：教育と生活の関係を中心に」『東京大学教育学部紀要』第38号，1999年，433-441頁。
15) 穆済波は，南京の東南大学附属中学校において，キルパトリックの助言を受けながら，国語分野における「ドルトン・プランと非ドルトン・プランの比較研究」を主催した。そこで，ドルトン・プランの「仕事」は生徒の個性を伸ばし，自由な探究を促す効果がある一方，生徒の注意力が保てなくなることがわかった。結果として国語科におけるドルトン・プランの優位性が見えなかったという（顧黄初『顧黄初国語教育文集』人民教育出版社，1996年，112-115頁）
16) 同上書，118頁。
17) 葉聖陶「小学教育的改造（小学校教育の改造）」『新潮』新潮雑誌社，1919年。
18) 同上論文，27頁。
19) 同上。
20) 同上論文，29頁。
21) 同上。
22) 同上論文，39頁。
23) 同上論文，40頁。
24) 同上論文，40-41頁。
25) 同上論文，41-42頁。
26) 1919年5月4日，北京の学生約3千人が，天安門広場から，日華条約の破棄，青島の返還，売国奴の免職を叫んでデモ行進し，32人が逮捕された。6月3日，この運動は無産階級にまで発展し，小資産階級，民族資産階級も共同参加した全国規模での革命運動になった。この五四運動は中国近代革命運動の一つの折り返し地点といえる（徐中約『中国近代史』大学堂出版，1972年）。
27) 裘廷梁「論白話為維新之本（維新の根本は白話である）」『蘇報』1897年。
28) 葉，前掲論文，13頁。
29) 同上論文，14頁。
30) 葉聖陶「小学国文教授的諸問題（小学校国語教育の諸問題）」『新潮』第3号，1922年。
31) 同上論文，7頁。
32) 同上論文，8頁。
33) 同上論文，9頁。
34) 葉聖陶「今日中国的小学教育（今日中国の小学校教育）」『新潮』第2号，1919年，17頁。
35) 同上。
36) 王従「葉聖陶語文教育思想的局限性」『内蒙古教育』1999年，27頁。

37) 課程教材研究所編『20世紀中国中小学語文課程標準教学大綱匯編——語文巻』人民教育出版社，2001年。
38) 顧黄初「葉聖陶和漢語文教育課程建設」『教程・教材・教育方法』第10期，1990年，76頁。
39)「(原文)一，目的：(1) 使学生有自由発展思想的能力。(2) 使学生能看平易的古書。(3) 使学生能作文法通順的文字。(4) 使学生発生研究中国文学的興趣。」課程教材研究所編，前掲書。
40) 葉聖陶「新学制初級中学課程綱要（草案）」『教育雑誌』1923年，5頁。
41) 穆済波（1870-没年不明）は1923年に『高級中学校教育課程綱要』を起草した。南京の中学校でドルトン・プランの国語における比較研究を行ったことによって知られている。
42) 穆済波「中学校国文教学問題（中学校の国語教育問題）」『教育雑誌』1924年，127頁。
43) 同上。
44) 葉聖陶「国文教学における二つの基本観念」『教育雑誌』1940年，53頁。
45) 同上論文，54頁。
46) 曹孚「実験主義教育学批判（プラグマディズム教育学への批判）」『人民教育』1955年5月号，3-25頁。
47) 精読というのは，選別した文章を熟読することを指しており，具体的な作業は，教師の選んだ一種の文章を細かく吟味しつつ，丁寧に読むことによって，授業中に大半が直接討論できるようにすることである（葉聖陶・朱自清『精読指導挙隅』商務印書館，1942年）。
48) 略読とは，叢書・選集（教師の指定した数種類）を一読し，解説を参照したうえでその大意を生徒に理解させることを指しており，大半は生徒の独学にまかせ，一部だけを授業中に討論できるようにすることである（葉聖陶・朱自清『略読指導挙隅』商務印書館，1946年）。
49)「涵泳」は，中国南宋時代の儒学・理学・教育家朱熹によって提唱された読み方である。文章の全体把握をしたうえで，それを繰り返して読み，細かく吟味すると，自ずと意味がわかるということである。「読書百遍意自ら通ず」。（朱熹『朱子語類』黎靖徳編，1270年，140巻）
50) 陳必祥編『中国現代語文教育発展史』雲南教育出版社，1987年，70頁。
51) 葉，前掲「新学制初級中学課程綱要（草案）」5頁。
52) 同上論文，7頁。
53) 同上。

第4章

葉聖陶の作文教育論

　葉の作文教授論を検討する前に，その特徴をつかみ取るためにまず，それまでの近代中国における国語教授法の進展を概観する必要がある。また，1919年のデューイ訪中という背景の下で，中国の白話文教授法が白話文運動の勃発とともに大きく推進された。その後，中国の新しい学制の成立とともに国民を育成するための新しい教育理論が次々と導入されることとなる。そのなかで白話文教育において代表的な理論書は，黎錦熙（1890-1978）の『新著国語教学法』と葉聖陶の『作文論』であった。欧米理論による「外発」的な理論が圧倒的に多かった時代では，それが中国の国語教育者にいかに受容されたのか，また，近代中国における白話文教授法において独自の進展はなかったのか。本章では，これらの問いに答えるために，葉を中心に据え，白話文教育に関する代表的な理論書を取り上げて，そこにおける白話文教育方法論の新たな展開を検討する。

第1節　近代国語教授法の進展

　五四運動以降，新しい国語の白話教科書の導入とともに，教育界において白話文をどのように教えたらいいのかについての研究が盛んになった。中国の国語教育者と現場の教師たちは，形式主義を排除し，児童中心主義的な教育をいかにして中国の現場に沿うものとするかに苦慮していた。新たな教授法には，「啓発教授法」「プロジェクト・メソッド（設計教学法）」「ドルトン・プラン（道爾頓制）」「直観教授法」などのさまざまな名目がある。とくに，1920年代において，著名な教育者である陶行知が南京師範専修科主任を務める際，「教授法」を「教学法」に改めようと提案したことによって，近代中国における教育観は大きく転換した。すなわち，従来，教師による一方的な教授とされていた教育が，生徒とともに教えあい，学びあう関係として捉えなおされた（本書の記述において，便宜上，「教学法」と「教授法」を「教授法」に統一する）。

そのなかで，中国初の国語科教授法に関する専門書『新著国語教学法』は，1924年に，国語の統一に尽力してきた言語教育者の黎錦熙 (1890-1978) によって著された力作であった。

立花銑三郎 (1867-1901) の編著による『教育学』が1901年に中国語に翻訳出版されて以来，ドイツ語「die Bildung」の和訳である「陶冶」という言葉が近代中国における教育用語として頻繁に使われるようになった。それは，国語教育の目標論において，「実質的」と「形式的」という二つの部分として表されている。『新著国語教学法』においても，黎は国語教育の目標論を「実質的」と「形式的」という二分化した構造で捉えている。また，①能動的な研究と鑑賞，②社交上の応用と③芸術上の創造，という三つの目標を言語文字の理解と発表に対応させ，これを形式的な側面に帰するとしている。④個性と趣味の養成という目標を精神の実質的な側面，すなわち，智・徳に対応させ，人格鍛錬を補助するための目標として捉える。詳しくは下記の図4-1のようになる。

さらに，国語教育に即してみると，それぞれの目標と学習内容の関係が示されている。たとえば，①「能動的な研究と鑑賞」について，児童生徒が能動的に文字や文学の研究と鑑賞を行うようになるためには，普通の文字の学習を通して読めるようになり，また話しあいを通して文章を理解することが必要とする。②「社交上の応用」と③「芸術上の創造」については，話し方と書き方の両方を含めている。そこで，学習過程においては見ることと書くことだけではな

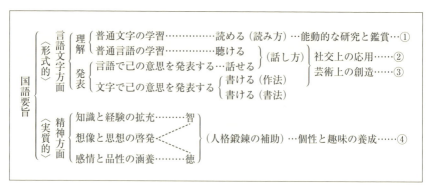

出典：黎錦熙『新著国語教学法』商務印書館，1924年，3頁をもとに筆者訳出。

図4-1　国語教育における目的

く，話すことと聞くことが必ず伴うため，話し方の教育はすべての教授の基礎であると黎は主張する。また，言語文字方面の「発表」に属する「言語で己の意思を発表する」ことと「文字で己の意思を発表する」ことは社交上の応用であるとともに，芸術上の創造でもあると解釈する。一方，精神方面では，知識と経験・想像と思想・感情と品性という三つの側面から着手すればいいとしている。ここには，知識と経験を拡充するために興味をもたなければならないということから，精神上において知育と徳育を一体として捉える訓育一元論のような黎の考えが反映されているといえる。

　第3章までで述べたように，国語教育の目標は，それまで葉などの国語教育者によって盛んに議論され，また小・中・高における課程標準づくりの動きによって明文化されてきた。しかしながら，そこにおける目標と領域の対応関係を整理し，系統化した理論的な研究は進んでいなかった。その意味では，黎が作った図4-1は，まさにそれまでの国語教育における目標論の空白を埋める重大な意義を有している。

　また，教授法に関しては，黎はヘルバルト学派の「予備，提示，比較，総括，応用」という5段階教授法を，「3段6歩法」に改訂した。すなわち，第1段階の理解（予習・整理），第2段階の練習（比較・応用），第3段階の発展（創作・活用）という新たな教授法を編み出した。第1段階において，予習は目標の指示，学習動機の喚起，予備的指導，児童生徒の予習と鑑賞を含み，整理は児童生徒の質疑応答，教師の発問，児童生徒の発表という流れを指す。第2段階の比較と応用はそれぞれまとめ学習と演劇の活動を含んでいる。そして第3段階では，創作は作文を意味し，活用は読む方法の指導と読む習慣の育成を含んでいる。つまり，話すこと・聞くこと・読むこと・書くことを総動員して，児童生徒が国語の学習活動における主体性を最大限引き出そうとする教授法であった。

　そこで，低学年の読む授業を行う際にまず，実物の観察と本文内容の実際を体験することから行うべく，文字を用いる必要はないと主張した。学年が上がるにつれ，文字・記号を理解・運用する能力が伸びた後に，文章の内容を探究させ，想像を構成すればいいとした。これは，黎が捉えた「直観教授法」の言語学習における応用であった。「直観教授法」は「実物教授」とも言われており，具体的な実物やものごとの現象を生徒に直接に示したり，ふれたりすることに

よって，理解や体験を得られるような指導を行うことである。

また，同書において，幼稚園ではモンテッソーリ教育を推奨したり，小学校では「プロジェクト・メソッド」を取り上げたり，話し方についてフランスの古典語教育者のグアン (1831-1895) のシリーズ・メソッド (Series Method) を紹介したりする内容があった。つまり，黎は西洋の教育方法を積極的に導入し，中国における「国語統一」と「言文一致」の実現を促進した。そこには，今までなかった「国語」，すなわち，白話文教育のさまざまな在り方が提示されている。そのなかで，とくにデューイ教育哲学における言語教育の理論が重要視されていた。次に，デューイが中国においてどのような「言語教授論」を提起したのか，それが黎と葉によってどのように受容されたのかを検討する。

第2節　デューイの「言語教授論」とその受容

1919年，デューイの第12次講演は南京で行われ，テーマは「象徴記号としての言語の教授 (Teaching of Symbols-language)」であった。その内容は『杜威 (デューイ) 三大講演』という書籍に記されている[1]。そこにおける記述によると，デューイは，「学校教育の言語 (language) は，思想を代表する『象徴記号 (Symbol)』であり，この記号はある種の道具として捉えられる。この道具を駆使することさえできれば，①古くから伝達された文化思想を勉強することができる，②自発的に学問を研究することができるという二つのよい成果が得られる」[2]と述べている。つまり，学校の言語教育が共通のシンボルとして人類文化の伝達や学問の進展に役割を果たすことができるという点を強調している。この「言語 (language)」は音声と文字のどちらも指しているといえる。

次に，デューイは「言語 (language)」の用途について，第1は普通の道具として使うこと，第2は思考を発表することであるという。言語は人と人の付き合いのなかで生まれてきたものである。そのため，言語の要素，すなわち，①経験があって伝達しなければならないこと，②社交的な動機を有すること，という二つの要素が必要とされる。学校教育で言語を教えるときに，話す経験をさせなかったり，社交の動機を妨げたりすることは，この2要素から目を背けることになるとしている[3]。ここでいう「言語 (language)」も文字や音声を含

めており，とくに学校における児童生徒の話す経験を重視している。

一方，黎は『新著国語教授法』の「第1章　国語教学之目的」の冒頭において次のように述べている。「デューイによると，すべての文字と数字は，物事や思想を代表する『符号(Symbol)』である。この符号を習熟すると，①学問を研究する道具を獲得すること（教育を施すための道具を手に入れること）ができる，②歴代の人間が蓄積した文化知識の宝庫を開けるための鍵を獲得できる（人類の生活における過去の経験を学ぶことができる），文字はとても重要なものである」。ここでいう「文字」はすなわち，書き言葉のことを指す。

他方，「言語」の用途について，「①感情を表現し，意志を伝達するものであり，②人類の共同生活における唯一の媒介物である。言語は文字より先に生まれ，文字に助けられてからこそ遠く，長く歩むことができるようになる」[4)]と黎は述べている。つまり，「言語」を，人類社会において書き言葉より先に誕生した話し言葉に限定している。

さらに，文字は手で書き，目で見るのに対して，言語は口で話して耳で聞くというように，文字と言語は同じ象徴記号であり，ただ人々が運用する感覚器官が違うだけで，互いに関連しあっていると黎は分析した。

つまり，当時，標準語として「国語」をどのように作ればいいのか，という切実な課題を解決しようとした黎は，書き言葉としての「白話文」と，話し言葉としての「北京語」を意識している。それらをデューイの言語教授論に対応させた結果，文字と言語という二分化した構造をもつ言語教授論を見いだしたのである。

さらに，話し言葉の北京語をどのように教えればいいのかという問題に対して，黎は『新著国語教学法』の第5章の「標準語と話し方——言語」において次のようなデューイの「言語教授論」を引用している。

「言語の学習過程について，次の三つの段階を紹介している。第1は言葉の数を増やす段階である。それはさらに能動的な学びと受動的な学びの二つに分類される。（中略）第2は識字がより精密になる段階である。物事の意味を表すときに最も適切な言葉を選べるようになる段階ともいえる。第3は連合(Uniting)が重要であり，すなわち前後をつなぐように言葉を使うことである。その際，児童の経験を前後一貫させるために，学んだことを繰り返して言わせるこ

とが有効とされている。生徒が自由に連続性のある話す力を発揮できてこそ，能動的な首尾一貫性がある」[5]。具体的な話し方については，小学校低学年においてまず実物や絵を通して児童と問答したり，会話したりして行うことが重要であると黎は強調する。そうすることにより，読み方の授業に移す前，教師は児童がどれだけの語彙をもつのか，言語の習慣はどうなっているのかを把握し，次の授業を改善する手立てを得ることができるという。

　同年，葉は「話す訓練」[6]において，自分が小さい頃から話が苦手だった経験をふまえ，教師は児童とともに生活していくなかで，児童の話す経験を増やしておくべきことの重要性を説いた。しかし，実物から入る低学年の国語授業の在り方について，児童の生活のなかで「小鳥」に対する観察があるかどうかの確認もせず，授業で1匹の「小鳥」を見せたり，触れたり，またその「小鳥」について話したりするような「無意味な直観教授法」を批判した。しかしながら，もし学校のなかで完備した社会的な環境，すなわち，農園，式場，工作室，博覧室等を設置すれば，児童の自然な欲求を引き出させる「直観教授法」が最も効果的であると主張している[7]。ヘルバルト学派が強調した子どもの興味の心理的過程だけではなく，デューイが訪中講演のなかで強調した小さな社会として学校における環境づくりも視野に入れたのである。こうした考えは葉の小学校教育の「生生農場」「利群書店」などの実践にも反映されている。

　つまり，黎と葉はデューイの教育哲学を異なる形で受容した。黎は言語教授論に焦点を合わせ，言語の構成と機能面について白話の国語教育を編成した。それに対して，葉はまさに理論と実践の両方を通して，学校は社会との連続性をもつという領域面の観点を白話教育に取り入れようとした。デューイの「言語教授論」は白話の国語教育をどのように行ったらいいのか，という近代中国の国語教育における独自の課題に対して直接的に応答しようとしたものではない。しかし，デューイの教育哲学は，黎のような研究者や葉のような国語教育実践家に多大な影響を与えたことは見落とすことができないだろう。

第3節　葉の文章観の形成——胡・梁論争の解決をめざして

　次に，胡・梁論争以降の作文教育の認識論と方法論における新たな展開につ

いて、葉に着目して検討する。「話す訓練」を書いた同年（1924年），葉は上海公学の国語教師として赴任し，作文教育に関する知見をまとめ始めた。そこで，葉が直面した課題は，生徒が日常生活において喋っている白話を，なぜ文章として書く必要があるのか，どのように書けばいいのかという問いであった。それに対する葉の答えが1924年に，『作文論』という著作として世に出版された。

『作文論』では，主として「どのようにしたら完璧な題材を得られるか（第1章〜第4章）」と「どのように題材を文章にするか（第5章〜第10章）」の2点について検討している。つまり，作文論を，①作文に対する認識や態度と，②実際的な表現技術の習得に分けて論じた。前者については，作文の「誠を求める（求誠）態度」と作文の源流である「充実した生活」を提唱し，後者については，作文の題材をいかに組み立てるかという方法論を紹介した。

次に，葉は，デューイと胡適などを「デューイ学派」と呼んでその思考の方法を紹介しながら，梁のような実用文の教育を擁護する学者の理論にもふれた。『作文論』において，葉がどのようにデューイの教育理論を捉え，また，白話文の教授という近代中国の国語教育が抱えていた独自の課題について，胡・梁論争を乗り越えようとしたのか，以下，具体的内容に即して検討する。

はじめに，葉は「人間は社会の動物である。天性上，および生活の実状から，自分の観察，経験，考え，情緒を他人に知らせなければならない必要がある」と述べている。これは，デューイが提起した言語の要素である「社交的な動機を有すること」に対応する。「一方で，実際の必要からではないものの，迫られたかのように，人間の生活，関係，情感，あるいは自分の体験・考え・想像などを一定の完全なる形として表現したい欲求がある」というのは，「経験があって伝達しなければならない」という言語の要素に対応する。そこで，これらの心理を満たすための最も一般的，有効的とされたのは，作文であった。

「作文と話をするというのは本来同一の目的であり，ただ用いる道具が違うだけにすぎない。だから話をするという経験のなかに作文の啓示を得ることができる。もし何も表現したいことがなく，何も感じないのだとしたら，必要も喜びも感じないのだとしたら，何を書くというのか」と葉は述べている。つまり，書きたい，話したいということが人間の自然な欲求であり，それを大事にすることで一貫して児童の内面を重視するのが葉の考え方である。また，ここでは

じめて,葉の文章において「道具」という言葉が使われている。作文と口頭で話す際の「道具」の違いは,「書面の文字」を使うか「口頭の言語」を使うかにある。これは,「言語文字」を話す・聞く・読む・書く「道具」として捉え,「経験に関連して意味づけを行わなければならない」というデューイの考え方をそのまま受け継いだものとみてよいだろう。

　つまり,児童の発達と言語文字に関する葉の基本的な認識は,デューイの言語文字の教授論を継承したものであり,それは作文の必要性を唱える際の絶好の材料として使われている。

　また,葉は作文の際に「誠実に自分の話を書かなければならない」ことを強調する。胡・梁論争においては,梁は中等教育段階において,論文を通して論理的な思考力を育てようとする胡の主張とは異なり,生徒の切実な体験をふまえ,人格を形成するという観点から論文の教え方を考えたのである。「古文は児童生徒に論理的思考力をつけさせるのに不十分である」という葉の指摘をふまえると,彼は「デューイ学派」を擁護する立場にたっていることがわかる。そこで,梁の批判を乗り越えるために,作文を書く側に対して「誠を求める」ことが大事であると考えたのである。さらに,「誠を求める」ことには,①真実のあるしっかりした材料と,②誠実な態度の二つの意味を内包するという。こうして,白話文の国語教育は,従来の漢文教育にあった生徒にとって切実性もなく,内容も漠然としたものを排除し,さらに剽窃(ひょうせつ)など不道徳な要素を取り除こうとした。これは,葉がのちに提唱した「作文は人なり」という文章観へつながっているといえる。

　次に,葉は作文の源は,「充実した生活」にあるとする。生活を充実させるためには,思考の訓練と情感の育成という二つの目標があり,この双方はまた「誠実な,自分の話」を書くための方法である。

　思考の訓練について,葉は「デューイ学派によれば,『真の思考の訓練とは,仮定の源として本物の経験をもたせること,種々の仮定を判断・批評する能力をもたせること,仮定の是と非,真実と偽りを証明する方法を編み出すこと』である」と胡の分析[8]を引用している。また思考の訓練は,次の5段階から成ると捉えている。「(1)生徒は問題に直面して当惑し困難を感じる。(2)問題は一体どこにあるかを指摘する。(3)問題を解決するさまざまな方法を仮定する。(4)

仮定の結果を考えて，どの仮定がこの問題を解決するかをみる。(5)この種の解決が人を信用させる解決か，あるいは人を信用させない誤りかを証明する」[9]。これも『胡適文存』を直接引いたものである。

　つまり，葉は作文教育の場合，胡が捉えたデューイの哲学方法である「思考の訓練」による推理・推論が有効であると考えていた。思いついたものをすべて直接的に書き表すのでなく，仮定を立てて検証していくなかから，本当に書くべきものが取り出されていくのである。胡の考えを丸ごと「デューイ学派の見解」として受け止めた葉は，実は清代の「考証学」と西洋の「実証学」が共通した学問を求める姿勢を，「誠を求める」という作文・人格教育の観点として位置づけた。

　一方，情感の育成について，葉は「喜びや悲しみに出会えば情がうまれ，良い景色にふれれば感がうまれるということは，本来は誰もが同じである。[中略]情感と経験は密接な関わりがある。情感はさまざまな機会を生み，我々に観察や注意をさせ，検証をさせ，経験を得させるのである」[10]と述べている。ここで，胡が言及したことのない「情感」をあえて強調したのは，梁と胡の違いを意識した結果と考えられる。講義録である『作文教授論』に記された，梁の作文の分類には，「情感之文」という種類があった。しかしながら，それは『作文教授論』において取り上げられず，「中国の韻文における情感」という清華大学文学部のもう一つの講義において検討された。

　そこでは，「世の中で情感が最も神聖なものである。道理で人を導く場合，どうやってやるかを知ることができるが，導かれた側は本当に実行するかどうかとはあまり関係はない。しかし，情感で人を引きつけると，磁石と鉄のような関係になる」[11]と述べている。また，情感の作用は神聖であるが，それは「すべて美しいものではない」とし，「情感教育」の目的は，情感の善と美の側面を発揮させ，悪く醜い側面を淘汰させるべきであるとした。これは，中国の伝統思想と言われる儒教における孟子の「性善説」や荀子の「性悪説」が提唱する人間の本性について語る道徳論に由来する。梁が当時，ヨーロッパでの遊学で資本主義市場の不況を目の当たりにして，西洋思想を諦めて中国の古典思想から活路を見いだそうとしたためである。それに対して，葉が提起した情感とは，喜びや悲しみなど，人間が自然に感じることであり，生活経験の一部である。

第4章　葉聖陶の作文教育論　79

そのため，梁の情感論と異なって，葉が捉えた「感情」はむしろ人間の「感受性」に近いものとして捉えられる。

　こうして，梁のモラルや情感の側面からの問題提起を克服しようと，葉は，デューイの教育哲学と接合した胡の実証的方法論を導入し，「思考の訓練」と「情感の育成」の方法を通して「誠を求める」ことを児童生徒の「生活」に結びつけようという文章観を形成した。これは作文教育に育成すべき資質・能力を投影する目標論の成立であるともいえよう。

第4節　葉の作文教育方法論──胡・梁論争を乗り越えて

　葉が1924年に執筆した『作文論』の第4章では，作文の題材をいかに組み立てるかという方法論が紹介された。葉は「組み立てること」を第一の工夫として挙げた。その方法を，「球体を組み立てる」ことにたとえ，「各部分を中心の周りに据え，取捨選択をし」，また「各部分のつなぎ合わせが適切であるように，そのならびにも注意」すると強調している。さらに，取捨選択の規準として，一言一句まで主旨を巡らなければならないと強調した。これは，胡適が白話文・国語運動において提起した「国語的文学，文学的国語」のための文学の「構成の方法」，すなわち「内容と材料の取捨選択を行うこと」と「材料を組み立てること」という2段階を融合させ，発展的に継承したものと考えられる。

　さらに，『作文論』の第5章から第10章まで，葉は文章のスタイルやそれぞれのスタイルにおける内容と書き方，および修辞について検討した。まず，葉は中国の古典『文選』における煩雑な分け方を批判し，文章を叙述，議論，叙情の三つに大別することができると述べた。胡・梁論争では，カリキュラム編成において，胡が議論文を重視するのに対して，梁は記述文と叙情文を推奨していた。葉は創造的に両者の意見を統合し，記述文，議論文，叙情文という分類を考案した。さらに，それぞれの文章をどのように書くか，『史記』などの文学史における具体的な事例を挙げながら，観察や議論の範囲決定，議論における根拠・推論・判断の重要性，叙情の程度と表現方法，および描写の技術と修辞法について詳しく検討した。とくに修辞について，「修辞の上達は人の天分による」という梁の主張に対して，葉は反対の意見を示した。そこで，修辞

のテクニックとして,「①求めるものは自らのなかにあるということ（求之于己）と，②その効果を見積もるということ（估定効力）」[12]があると葉は強調している。また，求めるものは自分のなかにあるだけではなく，それは独創的で新しいものでなければならないのである。たとえ思考や探究の結果が他人と変わらないと予想されるとしても，活用する方法や過程が他人と違えばそれでよいとされている。

　つまり，葉の修辞の方法論においては，結果よりも思考のプロセスにおける独創性が重要であり，その独創性に関する自己評価が重要である。第三部にて詳述するが，この点は，葉らが後に執筆した教育小説に登場した「必ず何回も自分で読み返して訂正する［自己批正］」という教師の指導言にも反映されている。

　葉の『作文論』は，言語教育の観点と児童心理・生活の観点からそれまでの作文教育を捉えなおしたものである。葉は新しい白話文教育の理論を構築するために，白話文・国語運動をリードした胡から，思考の訓練を含めた哲学方法の分析，および白話文の文章を組み立てる方法を活用した。それだけではなく，梁が提唱した伝統的な道徳教育と情感教育の視点も考慮に入れ，「誠を求める」作文教育観を編み出した。そして，胡・梁論争の解決をめざすために，従来の作文における知性と感情の二元論および素質決定論を乗り越えようと，科学的・系統的な作文教育の方法論を提案した。

　「作文論は作人論であらねばならない」という文に表されるように，葉の初志は文章教育を通して児童生徒の人間形成をめざしたものだった。次章においては，葉の教材づくりの理論と実践から，彼がどのような基準で教材選択を行ったのか，どのような子ども像をイメージしたのかを明らかにする。

1) デューイ，J.『杜威三大講演』泰東図書局，1920年。
2) 同上書，79頁。
3) 同上書，79-85頁。
4) 黎錦熙『新著国語教学法』商務印書館，1924年，1頁。
5) 同上書，97頁。
6) 葉聖陶「説話訓練（話す訓練）」『教育雑誌』第39巻，1924年，1-8頁。
7) 葉聖陶『教育雑文1巻（1922年）』江蘇教育出版社，1991年，14頁。
8) 胡適『胡適文存』第1巻，遠東図書公司，1953年，291-380頁。

9) 同上書, 361頁。
10) 葉, 前掲論文, 27頁。
11) 梁啓超「中国の韻文における情感」(清華大学講義) 1922年, 3-10頁。
12) 葉, 前掲論文, 42頁。

第5章

教材開発の実践——生活との結合をめざして

　葉の教育改革の歩みは，事実上，教材改革から始まっている。小・中学校の教師を担当したときも，開明書店で教科書を作ったときも，葉は新しい教材の編纂に力を注いだ。そこに表される教材論は，ねらった国語力を身につけさせるための重要な方法論として捉えられる。本章では，葉が実際に編纂した教科書『開明国語課本』の検討，および同年代における日本の雑誌『赤い鳥』との比較検討を通して，白話文教育方法論が成立するにあたって，とくに初等教育段階における葉の教材開発の実践上の意義と課題を明らかにする。

第1節　葉の教材論

　1922年に，葉は『教育雑誌』において，次のように述べている。「児童を取り巻く環境のなかで，国語教材にならないものはない。しかし，これらのものは，すべて文字に変換してからはじめて国語教育にかかわるようになる」[1]。これは，言語文字の役割を意識した葉の国語教材づくりにおける思考の原点であるといえる。

　胡・梁論争にもあったように，五四運動以来，学校において，文言と白話を初等教育・中等教育においてどのように教えたらいいのかということが論点になっていた。この点について，葉は「小学校の教科書は白話のみ扱えばよい」と主張している。「白話を使うと児童が親しみやすく，書くときは以前のようにひたすら白話を文言に翻訳しなくてもよい。難しい文言の注釈を理解する時間を朗読，表現，鑑賞の時間として使えば，児童の将来の人生のためにどれほど役に立つだろう」[2]というのである。また，中学校では，読む力と書く力を育成するために，白話文を主要なもの，古文を副次的なものとして両方教材に取り入れるべきであると，胡と同じような見解を示している。

　しかし当時，白話教科書が非常に不足しており，一部発行されていたものも

以前の文言教科書から翻訳されたものが主流であった。そこで，葉は，国語教育が教科書や授業形式にとらわれるべきではないことを提唱している。なぜなら，「教科書はただ参考に備えるものだけであって，真の教材は教師が選択しなければならない」[3]からである。たとえば，教材を選択する際にも，児童生徒が触れ合ったことのある物事であり，児童生徒の感情をそそる表現方法でなければならない。より具体的に，小学校教材選択の普遍的な基準は，「文学的面白みに富んだ」ものであるべきと葉は提案した。

さらに，教材の源泉について，葉は次のように述べている[4]。まず，各地域の童話や物語，および歴史，地理，慣習と融合した「韻律のある唄，芝居」があれば，それが教師にとって「宝物」であり，教材として扱うべきものである。もしそのようなものがなければ，教師が自ら創作すべきである。なぜなら，教師の精神こそが，児童生徒の発達・成長に最適な糧なのである。そしてもう一つの源泉は，児童生徒自身の創作によるものである。児童生徒の生活のなかで，興味のある事は容易に忘れられないため，彼らがその体験を語ると面白い話になる。さらにそれを文章にすると，最適な教材になるとしている。たとえば，教師と共同で野菜を作ったことや，新劇の台本づくりから上演にいたるまでの経験を児童に記述させ，また，その作品を児童自身に読ませることが，最高の教材になるに違いない，と葉は主張する。1923年に中国最初の童話集『かかし（稲草人）』[5]を著作した葉は，まさに自らの創作経験から児童文学を全面的に教材づくりに取り入れようとしたといえよう。

なお，これらの教材は，児童の欲求が生まれた後に与えるべきであると葉は3度強調している。それは，「たとえ同じ小学校2年生としても，今年の2年生と来年の2年生に必ずしも同じ教材を用いてはならない。なぜなら，それぞれの生活における境遇・状況が異なるからである」[6]。ここでも葉は目の前の児童の生活と実態に合わせた教育を提唱している。

さらに，葉は「学校の環境が整備されればされるほど，児童の知的欲求が引き起こされやすくなるため，学校では，教科内の教材だけではなく，課外の書籍を参考や補習のために児童に提供すべきである」[7]と述べる。加えて，古い小説，外国童話など，「文学的面白みに富んだ」本であれば課外読本として採用されてもよいとする。しかも当時，児童心理に即した読本はきわめて不足し

ていたため,「教師たちの創意工夫（努力創作）」[8]に頼らなければならないと葉は主張する。このような現状において，葉自身も文学者として児童雑誌を創刊したり，童話集を出版したりして，新しい児童文学を次々と世に送り出していった。

つまり，葉が捉えた国語教材は，狭義の教科書に限らず，児童の発達に適応できる言語や文字の「媒介」になるものや「知的栄養」をもつあらゆるものであり，とりわけ文芸的な色彩が濃いという性格をもっている。また，葉が考えた小学校における教材は，教授・学習過程や学校施設・環境と未分化であり，統合的な特徴をもっているといえよう。その教材編成の意義を見いだすために，次節からは葉が実際に作った教科書について，同年代の日本の児童文学を代表する読本と比較することで，詳細な検討を行う。

第2節　『開明国語課本』の特徴

1912年，中華民国の南京臨時政府が教育部を設立し，「自由，平等，博愛の原理のもとで，公民の道徳教育を重視する……とりわけ美感教育をもって道徳を完成させる」という教育方針を示した。ここに欧米からの民主主義および唯美主義的な思想の影響が窺える。当時の国語教科書は，教育部の編纂ではなく，民間の出版社の編纂によるもので，教育部の審査認定を経た後に発行され，各地方・各学校が自分たちで選んでいた。葉が編纂した『開明国語課本』[9]（以下，『開明本』と略す）は，当時の教育部の審査認定を通過したはじめての小学校教科書となった。

この教科書は，当時の初級小学校（1～4年生）の子どもを対象に作られた検定国語教科書であり，児童文学作品集でもあった。1980年に葉は自分の回想録において，「児童文学の面において，やり遂げた仕事があります。それは，1932年の1年を費やして編纂した『開明国語課本』」[10]であると述べた。『開明本』のなかの作品は児童生活ストーリー13編，童話16編，散文22編，小説1編，児童詩と童謡17編，新劇5編，翻案物18編があり，合わせて92編に及んだ。とりわけ漫画家・豊子愷[11]の挿絵によって，「わが国の小学校教科書にかつてない，墨の濃淡で描き出された挿絵が特色となっている」[12]と当時の教育部は

評している。教科書で文例として用いられる表現は素朴でストレートながら，生活に密着したシーンの一つ一つを丁寧に生き生きと描いているため，中華民国時代に四十余版を重ねたロングセラーとなった。

では，この教科書の特徴と，葉の教育論がそこにどのように映し出されているのか，編集要旨の項目に沿って検討する。

まず，編集要旨の第1には，「本書は教育部が最近公布した小学校国語課程標準により編纂された」[13]と述べられている。ここでの「小学校国語課程標準」は1923年に公布された「小学校国語科課程綱要」を指している。序章でも言及したが，このときに初めて，国語科は一つの教授・評価系統をもつようになり，明確な基礎・基本および規準が要求されることとなった。初級小学校（4学年）までに，最低標準として，「1. 言語：国語の物語の話をよく聞ける。国語を使い簡単な談話ができる。2. 文字：①読本：常用漢字を2300字ほど知っている。同時に注音符号が使用できる。白話文の児童向けの本や新聞を，辞書を用いて読むことができる。試験問題を確実に60％以上読める。②作文：白話文の簡単な記述文，実用文を書くことができる。また読み手にその大抵の意味を理解してもらうことができる。③習字：3〜4cm^{2}に楷書または行書で，1時間に約200字を素早く書ける。……」といったような詳細な目標が書かれている。この「小学校国語科課程綱要」の草案は国語教育家の呉研因によるものであり，1922年に新学制課程標準起草委員会（以下，「起草委員会」と略す）の審議批准を経て施行された。葉は「起草委員会」のメンバーであるため，この課程標準についてさまざまな提言をし，さらに自らの教科書編成の一指針として捉えた。

第2に，「本書は児童の生活を中心に編成した。教材は児童の身近なものから始まり，児童の生活が展開するにつれ，次第に広大な社会生活にまで広がる。内容は社会，自然，芸術などの教科と十分な関連があると同時に，教材そのものが文学的である」[14]とされている。1923年に公布された「新学制小中学（校）課程綱要」により初級小学校カリキュラムにおいて修身科が廃止され，社会科をはじめ，多くの新しい教科[15]が設置された。葉はこの教科書を，新しい教科を含んで各教科との関連性をもたせると同時に，文芸性を生かして児童の家庭生活・学校生活から社会生活まで拡大していく，つまり同心円的拡大の原理に基づいて編成したのである。

実際に教科書を検討すると，その内容は児童の生活場面や授業場面および当時の地域社会の情景にとどまらず，『商の時代の本』のような歴史知識から『イソップ寓言』『ムーン』などの外国文学，さらには『望遠鏡と顕微鏡』『電報』のような科学知識にまで及んでいる。このような多岐にわたる内容のなかで，児童に知識そのものを習得させるよりも，多様な文章表現に親しみを抱かせるとともに，読み書きの基礎を身につけさせようという国語教育の目的があったと葉は50年後に語っている[16]。それだけではなく，教師や年長者への挨拶の場面や，接客の対話および友人との付き合いの過程が教科書の内容に含まれるように，日常生活や社会生活を円滑に営むためのコミュニケーション能力や人間関係形成力を児童たちに身につけさせようとする目標[17]も映し出されている。

　第3に，「本書の1単元は複数の課から構成される。各単元間は相互に呼応し，その内容は児童の学習心理に適応している」[18]とされている。『開明本』においては，楷書で書かれた言葉や文が挿絵とバランスよく設計されている。またその言葉や文章と絵が互いに引き立てあって趣がある手法が用いられ，児童生徒の学習興味を喚起させる。たとえば，第8〜13課（図5-1）という単元において，各授業はそれぞれ独立しつつも，互いに関連しあっている。第9課に牛が3頭，第10課に山羊が2頭描かれるが，1頭は草を食べずに花を見ているのもユーモアである。第11課で牛の絵描き方を教え，第12課で「一，二，三，四」と，書き順を示しつつ牛と羊の漢字を書かせる，というような面白く，自然な流れである。このような児童の生活認識に適応した文学的面白さへの追求は，教科

出典：葉聖陶『開明国語課本』開明書店，1932年。

図5-1　『開明国語課本』第8〜13課

書の至るところで反映されている。

　第4に、「本書は児童文学と日常生活上において必要とする各種の『文体』をできるだけ収め、児童の朗読や吟詠に適するものにするために語句、語調ができるだけ児童言語に近づけられていると同時に、標準語と合致している」[19]とされている。「文体」というのは、「作文論」において大別した文章の叙述、論説、叙情という三つの種類に限らず、詩や唄、童話、随筆、ルポルタージュなどさまざまな文章スタイルのことをさす。各コマの内容には、葉が長年の教職経験と児童観察に基づいて創作したものや、葉の指導を受けた児童たちの作品が含まれている。図5-1はまさに生活を表している典型例である。第87課では「2列の白い石」のなぞかけがなされ、第130課の「猫探し」の掲示文がストーリーのなかに組み込まれている。いずれの文章も児童の目線で書かれており、イントネーションのバランスがよく、生活のさまざまな場面や状況における文字や言葉が、自然に頭に入るような効果をもっている。

　さらに、方言を教科書に取り上げたことも斬新であった。つまり、低学年の児童の生活に浸透している方言を架け橋として、児童のそのままの言葉を通して学習への興味・関心を高めていくことが葉の狙いである。たとえば、第13課の「明天会（また明日）」という表現にある、「会」の言葉使いは中国の浙江・江蘇省の方言であり、標準語[20]の場合は「見」を使うこととなる。しかしここでは地方の児童に親しみやすい言語として「会」が教科書のなかに用いられている。

　編集要旨の項目「5」から「8」に書かれている内容は、練習問題と教師用の指導書の『教学法』の説明であり、いずれにおいても児童の発達にそうことが重視されている。とくに指導書の概要によると、児童が最低限到達すべき目標を教師に理解させるよりも、児童の興味を引き出すような教授のほうが詳細に書かれている。

　以上のように、『開明本』はまさに葉の児童中心の教育理念と教材論を具現化した作品であり、その編集要旨はこの教科書の特徴を示している。2009年からこの『開明本』が上海科学技術出版社より再び出版されており、多くの人の関心を集め増刷された本も売り切れとなっている[21]。これは、この教科書が児童の興味・心理および彼らを取り巻く生活環境と社会文化を考慮した総合的

な学習材になり，児童たちに物事に学ぶ精神を培ったものだからといえるだろう。

しかし，教科書の編集方針では，葉はどのような子ども像をイメージし，またそこでいう「生活」の中身は一体どういうものなのか，ということが具体的に示されていない。そこで，次に，教科書の文例，および日本の児童文学との比較を通して明らかにする。

第3節　文例の分析——会話や日記を中心に

(1) 会話による文例

まずは具体的な文例からみていこう。『開明本』では，会話の場面が多く，手書きの言葉や文章がバランスよく挿絵のなかに入れられている。またその言葉，単語や文章が絵と互いに引き立てあって趣のある手法が用いられ，児童生徒の学習への興味を喚起させていることが読み取れる。たとえば，1年生後期の第36～38課に家庭生活について次のようなシーンが描かれている（図5-2）。

このように，一連の授業はそれぞれ独立しつつも，ストーリーとしてつながっている。普通の家庭生活における対話だが，読むと親子の互いに対する愛情を感じさせつつ，面白みも味わえる。第36課では，きれい好きな子が母親に愛されるシーンを通して，子どもの主体性を引き立てる家庭教育のあり方を示している。第37課は，幼い子どもでも，お礼をすることができるという優しい心持ちを表現している。また，先生が授業で使った物語は子どもが自ら進んで覚えたという学習効果もうかがえる。第38課はクライマックスであり，算数ができない母豚の描写を通して，子どもたちに論理的な思考を促す効果をもっているといえる。

つまり，このような児童の生活に寄り添う面白みを追求する，知的好奇心をかき立てる教育内容は，葉の作家としての文芸志向によるものであり，教育者がもつ天真爛漫で好奇心旺盛な子ども像にもよるものであると考えられる。葉は，まさにこのような教材を通して子どもの日常生活において「参考的価値」と「知的栄養」を提供しようとしている。

| 36 | 37 | 38 |

(訳文)
第36課
「お母さん，服を縫って誰に着させるの？」
「服を縫ってきれい好きな子に着させるのよ。」
「僕はきれい好きだよ。体も，頭と手足も清潔だ。
その子は僕だよね？」
「そうよ。」

第37課
「お母さんは僕のために服を縫ってくれるから，
　　僕は代わりにお母さんに物語を聞かせてあげる。」
「どこで聞いた物語なの？」
「今日，先生から聞いたんだ。」
「なんていうタイトル？」
「橋を渡る十匹の豚だよ。」

第38課
「十匹の豚が橋を渡っている。母豚が前で，子豚が
　後ろについていく。母豚は橋を渡った後，振り返って子豚を数える。
　　　『一，二，三，四，五，六，七，
　　　八，九。私たちは十匹のはずなのに，
　　　どうして一匹少ないの？』」

出典：『開明国語課本』第3巻第36〜38課，1934年をもとに筆者訳出。

図5-2　『開明国語課本』第3巻第36〜38課

(2) 日記の文例

　小学校4年生用の『開明国語課本』における日記の文例としては，下記（図5-3）のものが載せられている。

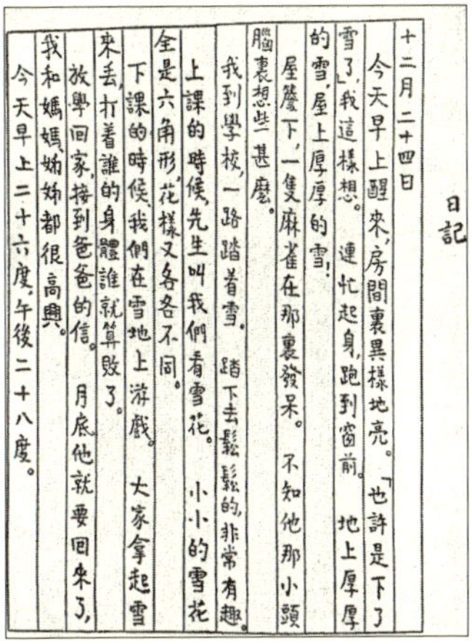

> 日記
>
> 十二月二十四日
> 今天早上醒來，房間裏異樣地亮，「也許是下了雪了，我這樣想，連忙起身跑到窗前，地上厚厚的雪，屋上厚厚的雪。
> 屋簷下，一隻麻雀在那裏發呆。
> 腦裏想些甚麼。
> 我到學校，一路踏著雪，踏下去鬆鬆的，非常有趣。小小的雪花，
> 上課的時候，先生叫我們看雪花，全是六角形，花樣又各不同。
> 下課的時候我們在雪地上游戲。大家拿起雪下去打著誰的身體誰就算敗了。
> 放學回家接到爸爸的信，月底他就要回來了。
> 我和媽媽姊姊都很高興。今天早上二十六度，午後二十八度。

(訳文)
日記
十二月二十四日
　今朝，目覚めたら，部屋の中が異様に明るかったです。「ひょっとして雪が降った！」と思って，慌てて起きて窓際へのぞきにいったら，地面に雪が厚く積もっていて，また屋根の上にも雪が厚く積もっています。
　軒下に，一羽の雀がぽかんとしています。その小さな頭では何を考えているのでしょうか。
　学校へ行く途中，ずっと雪の上を踏んでいきました。ギュッギュッっていう感じが面白かったです。授業中，先生は私たちに雪花を観察させました。小さな雪の結晶は，すべて六角形ですが，模様がそれぞれ違いました。授業の休憩中，私たちは雪合戦をしました。みんなは雪を固めて投げ合って，雪玉が体に当たったほうが負けでした。
　放課後，家に帰ったら，父の手紙が届きました。手紙に，今月末に父が戻ってくることが書かれていて，私と母と姉はみんなとても嬉しかったです。
　今日の午前中は（華氏）二十六度で，午後は（華氏）二十八度でした。

出典：『開明国語課本』第7巻第149課，1934年をもとに筆者訳出。
図5-3　『開明国語課本』第7巻第149課

　この日記は子どもの朝から晩までの1日を実写したものであり，「観察」が重要なポイントである。雪の光と積もり具合，雀のぽかんとした様子，雪花の描写と雪合戦の紹介など，どれもありのままで簡潔に書かれている。この点からは，記録的文章（記述文）を書く際の基礎・基本を葉は胡と梁から受け継いでいることが読み取れる。
　とくに最後の気温の記録は当時の日記に取り入れられていることが意義深

い。なぜなら，現代中国の日記の書き方では，温度を調べることや記録することのどちらも要求されない。しかし，この日記において，午前中と午後の2回に分けて温度を調べて記録している。このことから，当時の学校教育では，子どもたちの自然科学への関心が高まっている様子が読み取れるだろう[22]。この日記を採用した理由について葉は述べていないが，教科書に載せられること自体が，子どもの冬の1日の生活を忠実に表現しているこの作品への葉の評価を示すものと考えられる。そこには，また好奇心あふれる純真な子ども像があった。子どもの実際の作品を教科書に掲載したのは葉が初めてであり，先進的な取り組みといえるだろう。

(3) 村の生活の児童詩

学年が上がるにつれ，児童が村の労働に参加する場面を描く文例が増えるようになっている。次の児童詩はその一例である（図5-4）。

日本語に訳してしまうと，中国語のリズムを届けられないが，村人が楽しく労働している姿が目の前に浮かぶように描かれている。綿を採ってから服になるまでの作業と労働は大変だが，最後に家族全員の綿入れズボンができるという嬉しい結果が待っているのである。労働を通し，自給自足ができるという，子どもの自慢さえ感じさせられる児童詩であった。これは，当時の学校教育において，社会システムのなかでの階級差別を意識させずに，農家の生活と労働を謳歌する教材である。この教科書の挿絵を描いた豊は，1920年代の日本での留学生活を通して竹久夢二の絵の様式に影響を受け，帰国の後，世相人情を反映する抒情漫画で一世を風靡した。そのとぼけたなかに生活の匂いを感じさせる独特の画風と葉が編著した子どもの生活に即した味わいのある文学作品の融合によって，『開明国語課本』は多くの子どもたちの心をつかんだ。

1920年代を通して，葉は雑誌『児童世界』を創刊したり，中国最初の童話・童謡を創作したり，『開明国語課本』のような教科書を出版したりして，子どもたちに「知的栄養」と「参考的価値」を与える，文学・芸術と生活を結合させる国語教育のあり方を編み出していった。

(訳文)
綿花採り
綿花の田んぼから綿花を採って帰った。
綿が雪溜まりのように積もった。
綿を打つと，パンパンパン。
スライバーを揉むと，細長くなった。
昼間は綿を紡いでは終わらなく，
夜に灯火をつけてまた紡いだ。
織機を稼働させ，
布を織った。
綿と布は揃えたので，家族全員の綿入れズボンを縫おう。

出典：『開明国語課本』第7巻第140課，1934年をもとに筆者訳出。

図5-4 『開明国語課本』第7巻第140課

第4節　日本の『赤い鳥』における「生活」との比較

　時を同じくして，1920年頃の日本では，日本最初の童話・童謡雑誌を創刊したことで知られている児童文学者鈴木三重吉 (1882-1936) が活躍していた。三重吉は日本の児童文化運動の父とされる児童文学者である。彼が創刊した雑誌『赤い鳥』は，日本の綴方教育史上において最も重要とされている児童文学を代表する読み物である。『赤い鳥』における子ども像と生活像を検討することを通して，『開明本』における葉の子ども像と生活像がより鮮明に浮かび上がると考えられる。さらに，両者の共通する意義と課題を見いだすことで，葉の児童文学教育の意義と課題を明らかにすることが可能となる。

　まずは，『赤い鳥』の創刊とその作品の検討を通して，三重吉の綴方教育理念とその文学の内実に迫っていく。なお，当時の作文教育の文脈を尊重し，「作文」を意味する用語をすべて「綴方」のままで援用する。

(1)『赤い鳥』における三重吉の「生活」観

　「1918年7月，文壇作家鈴木三重吉によって創刊された児童雑誌『赤い鳥』の出現は，日本の子どもの詩と文章を書く能力を拓く技の歴史にとって画期的な事件だった」[23]と中内敏夫は評価している。三重吉の「小さい人の文章の標準を与えると共に，一面では会員のお方全体の大きな家族的楽しみを提供したい」[24]というような創刊宣言によると，そこで描きたいのは「中産階級の子どもたちの生活」[25]であった。そして創刊意図は，芸術的価値の高い童話と童謡を創作し，子どもたちに，『赤い鳥』を「読み物」として，また「作文のお手本」として与えることにあった。この意図をもって「童話と童謡を創作する最初の文学的運動」を起こそうとした。この運動の賛同者および執筆者は，主宰三重吉をはじめ，北原白秋，小川未明，有島武郎，芥川龍之介，菊池寛ら，文壇の錚々たる巨匠である。そのほかに，一般から募集した綴方，自由画，児童自由詩およびその書評を掲載する投稿欄がある。それまで，立川文庫などの廉価な大衆児童娯楽文学も出回ってはいたが，三重吉はそれを「俗悪」とし，白秋とともに，「童心至上主義」を掲げて子どもの純粋を守る上質の文学を提唱し

創刊当時，三重吉は自分の綴方教育理念を次のように示している。「すべて大人でも子どもでも，みんなこういう風に，文章はあったこと感じたことを，不断使っているままのあたりまえの言葉を使って，ありのままに書くようにならなければ，少なくとも，そういく文章を一番よい文章として褒めるようにならなければ間違いです」[27]。このように，『赤い鳥』発行当初は，「生活」というキーワードはまだ使用されてなく，ただ「あったこと感じたことを，ありのままに」という写実的な表現態度が推奨されてきた。

　ところが，2年後の1921年の2月号から，三重吉は方言交じりの綴方を掲載し，「生活」という言葉も意識的に用いるようになった。同年の6月号では，掲載された文学作品に対して「村人の生活をよく表しています」と評価している。それと同時に，綴方欄のほとんどが，地方の方言交じりの綴方で占められるようになった。方言を取り上げた理由について，三重吉は『綴方読本』という「赤い鳥」教育の集大成というべき本において，次のように述べている。

>　方言は，国語の統整上廃棄するのがもとより当然である。ただしそれには標準語にない，便利な，または貴い，純正な言葉で，国語のうえに生かす必要のあるものを，ふるいえらんで，取り入れるなぞの用意がいる。［中略］地方によっては，低年の子どもは，文化の関係，つまりぐるりの人々の脱しきれない方言の因襲のなかに浸かっているのと，標準語の読みものを多く読まない点とから，標準語の言葉なるものがひどく乏しい。それらの子どもに標準語のみで綴方をかけということは，われわれに外国語で口を聞きというのと同じくたちまち表出につかえて，書くべきことも書けなくなってくる[28]。

　このように三重吉は，地方の幼い子どもに馴染みのある言葉を使わせることで，綴方にたいする抵抗感を緩和しようという「教育的側面」を重視している。それだけではなく，三重吉が指摘した「作品の到達標準」である「芸術的側面」と「参考的価値」も表している。ここでいう「芸術的側面」とは，地方で生活している子どもたちが，方言を使って表現することによって，作品にその地方独

特の微妙なニュアンスと文化的雰囲気を付加することを指す。一方,「参考的価値」というのは,日常生活のなかで方言を用いている子どもたちに対しては,方言を使って表現するということが,その子どもの実態を最もリアルに表現しうるため,その子どもの指導に役立つ参考になるということである。

また,『綴方読本』では,綴方教育に関する「生活」観や生活指導についても熱く語っている。たとえば,「生活させる綴方の指導」の作品例と評語を挙げて,事象の冷静なる観察は,叙述・記録について必要な根本的な態度だということに賛同するが,その態度を養成するのが生活指導そのものの一面だということには賛同しがたいというのである。

その後,『赤い鳥』では中産階級の子ども像から村人の生活像が登場するようになった。その背景として,同誌の読者層・投稿層が,はじめは都市新中間層であったのに対し,漸次的に地方農村社会,さらに小学校担任教師の手を通して都市労働者層の一部にも及んでいったことが挙げられる。加えて,三重吉自身が「生活」「地方」「方言」という言葉をますます使うようになったことも背景にあるだろう。『赤い鳥』の創刊当初に三重吉は文章指導をそれほど重視していなかったものの,読者層の変化と要求に応じて文章表現や生活指導にも目を向けるようになったと考えられる。

また,そのような視点の変化には,関東大震災がきっかけとなったという説もある[29]。すなわち,1923年の関東大震災以降,プロレタリア階級の勃興,社会革命への不安と畏れのなかで,文学者たちは「社会階級」を意識せざるを得なくなった。このような出来事を背景として,同誌の読者層が,都市新中間層の子どもたちから地方農村社会と都市労働者の子どもたちへ広がっていくなかで,三重吉の捉えた生活観と子ども観は変わったのか,それとも一貫していたのだろうか。次に,これについて具体例と照らし合わせながら検討を行う。

(2) 『赤い鳥』の作品例に基づく分析

創刊当初の第1巻第1号で,三重吉は,綴方投稿欄の選評において,「すべての大人でも子供でも,みんなこういう風に,文章は,あったことと感じたことを,不断使って,ありのままに書くように」すれば間違いないと強調した。また,第1巻第2号では,「何でも構わず自由に書いてご覧なさい」と呼びか

けて，推薦作文の一つとして次のようなものを載せた[30]。

> 日記（賞）　本所縁小学校尋常五年生　　　原菊枝
> 　おふろへはいってから，となりのえんだいにこしかけて，空をみていると空がうごいているようでした。
> 　その時ふいに，花ちゃんの家で，おおぜいで笑いこえがしましたから，行ってみると，お話をしていました。私もいれてもらいました。

このように，お風呂のときの様子と隣の笑い声や会話への参加というような日常のささやかな出来事が雑誌に推奨されている。当時，三重吉はあくまでも自由かつ写実的な表現の指導しか追求していなかったのである。

『赤い鳥』綴方の最初の姿は，形式主義的な作文へ抵抗を含みながらも，「日常」を描くということを重視する点で，明治時代における言文一致運動の延長線に立ったものであった。それは，生活綴方運動の源流である随意選題論を編み出した芦田恵之助の人間教師という立場とは異なって，「童心至上主義」から出発した児童文学者の立場であった。この立場においては葉と似通っているといえる。

一方で，1921年から，村の子どもたちが家族とともに労働するシーンを描く当選文が増えてきた。そのひとつは次のようである[31]。

> 炭取り　福井県大飯郡高濱小学校高一年　　　西本義秀
> 　今年は家から三松学校へ炭を入れて居られる。丁度今日炭がなくなったので学校から是非入れてくれと頼みにおいでた（ママ）。昼から天気もよいからひき受けて，父と母と三人で神野の山へ行った。［中略］段々上へ行くほど雪がある。来る道には少しもなかったのに山にはたくさんある。炭がまのあたりへ行くと二尺余りもある。雪が無くても運びかねる五貫俵の炭であるから僕は運ぶのをやめにした。父等は雪をぐざぐざふみ込んで炭がまの所へ行かれた。炭がまはそこにある。父と母は二人とも二俵ずつ負って，また雪の中をぐざぐざ出ておいでた。父はさっさとおいでたが母は足が埋まって後へも先へも行けぬので，雪の上に炭を下ろして置いてまた炭がまの所へ行って，むしろを取って来られた。［中略］難波江から僕も曳き手をつけてひっぱった。家へ帰つたら三時だった。父と母とは学校へ炭をもって行かれた。

これに対する三重吉の評は，「西本君の『炭取り』も，お父さんやお母さんといっしょに，雪の中で働く，楽しい労働を愉快に思いました」となっている。

先行研究において，山下夏実は三重吉の評を「楽天的」であり，「生活」というものを「社会全般の大きなシステム」のなかで捉えたのではなく，「一個人が直接対面する諸事象」というレベルで捉えたと指摘した[32]。つまり，三重吉が村の生活を描く作品を推奨しながらも，社会システムのなかにおける階級差別の現実から目を逸らし，ただ綴方における自己満足という面に目を向けていたことに批判の目を向けている。

　しかしながら，『綴方読本』において，三重吉は「綴方の到達標準」である「芸術的価値」を，「児童の通例な日常生活上の事象」を「実感的にかいた価値」として設定している[33]ため，この「楽しい労働」を実写した作品もその芸術的な価値にあたるものとして捉えている。ゆえに，三重吉は「芸術水準を高めよう」という使命感をもって創刊した『赤い鳥』において，あえて社会差別の問題に解決の糸口を見つける必要がなかったのである。このような写実主義的な考えも偶然ながらも葉と一致している。

　また，1923年の関東大震災で同誌は大打撃を受け，販売部数が急減し，休刊・再刊を経て，結局，1936年，三重吉の死の直後に完全廃刊となった。そのため，短命ではありながら後世に大きな影響を与えた『赤い鳥』においては，三重吉の写実主義的な文章観，純粋な子ども観，および芸術的な価値を置いた生活観が終始一貫していたのである。

（3）『開明本』と『赤い鳥』の類似点

　夏目漱石は1911年の講演において，「日本の開化」は「外発的」であると規定し，それに抵抗した芦田の随意選題綴方は「内発的」東洋自然主義であるのに対して，漱石の門下生である三重吉は基本的に「外発的」な日本認識を引き継ぐと中内は指摘している[34]。実際，『赤い鳥』には，外国から翻訳・翻案された童話が多い。しかし，それらと推薦された子どもたちの作品におけるリアリズムとが衝突することなく共存している。一方，中国は日本より著しく西洋からの圧力を受けて「文明開化」となったゆえに，葉の理論も「外発的」な部分が多い。しかし，『開明本』においては，外国の童話よりも子どもたちの生活を表す創作が圧倒的に多く掲載されている。日中ともにいわゆる，西洋的なものを自国の子どもたちの実態に適応させようと試してきたのである。

つまり,『赤い鳥』は児童文学雑誌として,子ども向けの投稿欄と通信欄によって教育的意義をもつのに対して,『開明本』は国語教科書として,児童文学作品集という芸術的な価値をもっている。具体的には,両者がもつ類似の意義と特徴は次のようにまとめられる。

　第1は,低学年の子どもに対して,方言を教材あるいは綴方に取り上げたことである。話し言葉と書き言葉の不一致という現象は長い間,封建社会の階級差の象徴として中国,日本などのアジア諸国に存在した。その不一致を解消し,書き言葉としての標準語の習得には準備期間が必要になってくる。またその準備期間においては,子どもにとっては話し言葉としての方言が親しみやすいのである。方言を取り入れることは,詩や唄などの児童文学の発達を促すだけでなく,子どもたちの精神生活を豊かにする重要な教育方法として認めるべきであろう。つまり,国語形成の具体的な事象が異なっても,両者ともに話し言葉と書き言葉の一致という近代的言語改革の基礎を固めたことに貢献した。

　第2は,両者とも生活や知識における「参考的価値」を重視するため,教材収集は広い範囲にわたるものである。教科書や雑誌,あるいは読本,いずれの形式の本づくりも教育的意義を考慮しなければならない。また,子どもたちに知識や生活感をもたせる場合,狭い範疇ではなく,できるだけ子どもたちの心象に接近し,かれらの身の回りに起きている幅広い現象と子どもが体験してもおかしくない事象を共有させるべきという考えをもっていることも特徴として挙げられる。

　第3に,「ありのまま」の文芸性を教材選択あるいは入選作品の基準とすることである。「誠実な,自分の話」という葉が評価するポイントと同じように,三重吉もまた「実感的にかいた」「ありのまま」という生活における「芸術的価値」を終始強調した。社会の階級格差が解消されるべき問題として存在するとしても,子どもたちの発達段階上,認識する対象として設定するのはまだ早いという考えを示したものとして解釈することもできる。階級の差という社会現実に目を向けなくても,両者は児童の生活に根差し,そこから生まれた真実をつかみ,さらにその真実を文学における価値として明確化した点は,共通して評価されるべき点であろう。

　第4に,童心主義的な思想によって子どもの純粋さを守り,生活指導のため

というよりも写実という表現レベルの指導に留まっているということである。この点について、両者の共通する限界として捉えることが一般的である。しかし、生活指導という概念を広げてみると、文章表現の指導も書き手の生活態度の形成に寄与するため、生活指導のための作文指導といわなくても、その人格形成における働きを看過できないだろう。

なお、中国における作文教育のその後の流れを見ると、国語学力低下論争もあり、技術・系統的な方向が強まったようにみえる。それは、後に葉が活躍の場を初等教育から中等教育に重点を移すようになったことにも関係すると考えられる。中等教育において、葉の教材論がどのように変化したのか、本当に、生活の視点が残されていないかを確かめるために、具体的な教科書を通して検討する。また、葉の中等教育における教材づくりは、夏丏尊（1886-1946）と共同に制作する場合がほとんどのため、第Ⅲ部において夏の教科書実践と併せて検討する。

小さなまとめ——児童中心主義的カリキュラムの意義と課題

第Ⅱ部では、葉聖陶を中心に扱いつつ、国語教育における課程標準とカリキュラムの成立、および胡・梁論争以降の作文教育の目標論と方法論がどのように成立し、展開してきたのかを検討してきた。また、教材の文芸性と児童の心理・生活の両方を考慮した葉の教材論とその実践の特徴を、教育者がもつ子ども像とその生活の観点から、日本の『赤い鳥』との比較検討を通して明らかにした。

葉による課程標準の作成と作文教育論は、これまでの国語教育に存在した課題を意識したものが多く、その特徴としては以下の三つを指摘することができる。第1は、児童中心主義の立場から出発しながらも、読み書きの基礎・基本的な論理的思考力の育成を重視することである。すなわち、小学校の白話文教育を提唱する際も、中学校において育成すべき国語の教養の一つとして「昔の書物を読むこと」を位置づける際も、論理的思考力を読み書きの重要な基礎能力として提唱している。

第2は、東西の文化を融合した作文教育方法論を編み出したことである。つまり、それぞれ西洋と東洋を代表するような方法である「思考の訓練」と「情

感の育成」を作文教育論として樹立したことである。

　第3は，作文の修辞における自己評価能力の重要性を強調したことである。とくに，表現の自分らしさ，その効果に対する見通しをもつかどうか，ないし表現の過程における独創性を評価の基準として提起した点が意味深い。

　これらの特徴が示すように，葉は白話による国語教育論を構築する際，従来の作文における知性と感情の二元論と素質決定論を乗り越え，何を重視して育成するのか，白話か文言かなどの形式と内容の対立の課題に応えようとしたのである。

　実践上における教材づくりの課題について葉は，児童を取り巻くさまざまな環境と素材から教師が自ら教材を編成し，また児童の作品そのものを教材として利用することを推奨した。その具体例として，葉の編著による『開明本』を取り上げ，その要旨をふまえて分析した。そこで，①言語文字と読み書きに関する内容は，課程標準が決めた最低水準を満たしていること，②方言を利用するなど，児童の生活を中心に据えながらも，他の教科における科学的な知識と連携して行うこと，③材料は文学的な面白みをもち，児童のリアルな表現を尊重すること，という三つの特徴が明らかになった。

　一方，葉は教材づくりにおいて，どのような子ども像をもって「社会と連続した生活」に対応しようとしたのか。『開明本』における文例を検討することで，葉がイメージしたのはポジティブで，好奇心あふれる純真な子ども像であり，そのような子どもたちが送る生活は，明るくて家族で仲良く過ごしている街の新中間層や農村の労働者階級の暮らしであったことがわかった。次に，同年代の日本の児童雑誌『赤い鳥』における「生活」観と子ども像との対照を通して，両者における共通の意義と課題を明らかにした。つまり，共通の意義として，①話し言葉と書き言葉の一致という近代的言語改革の基礎を固めたことに貢献する点と，②児童の生活に根差し素直な気持ちと考えを引き出し，それを文学における価値として評価する点，という二つのことが明らかとなった。一方，共通の課題として，社会の階級格差を視野に入れることなく，作文教育を通して子どもたちが将来よりよい生活を送るためには社会の変革者としてどのように育ったらいいか，という視点の欠落を指摘することができる。この点に関して，発達段階の要因もあり，中等教育段階における実践から示唆を得ることが

推測される。

　なお，葉の中等教育における実践を検討しようとすると，学校現場における実践記録が残されていないため，その手掛かりは教科書や雑誌づくり，および教育小説に表れる諸相によるものになる。これらを対象として取り上げる場合，避けては通れない人物，すなわち，夏がいる。葉の中等教育における教材づくりの実践のほとんどは，夏との共同作業によって行われていたため，夏にも多くの影響を受けたことを見逃すことができない。次の部において，夏の理論と実践を検討することで，葉の中等教育における国語教育の実態を明らかにするとともに，国語教育方法論の系譜として新たな展開を見いだそう。

1) 葉聖陶「小学国文教授的諸問題（小学校国語教育の諸問題）」『新潮』第3号，1922年，9頁。
2) 同上論文，10頁。
3) 同上論文，11頁。
4) 同上論文，13頁。
5) 葉聖陶『稲草人（かかし）』商務印書館，1923年。この童話集が出版された直後，魯迅は，「『稲草人（かかし）』は中国の童話に自己創作という道を拓いてくれた」と高く評価している（『魯迅全集　第10巻』人民文学出版社，1981年）。
6) 葉，前掲論文，15頁。
7) 同上論文，16頁。
8) 同上論文，18頁。
9) 葉聖陶『開明国語課本』開明書店，1932年。
10) 葉聖陶『我和儿童文学（私と児童文学）』少年児童出版社，1980年，64頁。
11) 豊子愷(1898-1975) 現代中国の漫画家，翻訳家。浙江省崇徳県（桐郷）出身。1921年日本に留学し，絵画および音楽を学び，英語を独学。20年代初めから，とぼけたなかに生活の匂いを感じさせる独特の風格の漫画を発表しはじめ，たちまち有名になった。竹久夢二の影響がうかがえるその仕事は，漫画やエッセイのほか，英，露，日3カ国語からの大量の翻訳があるが，その中には『源氏物語』の全訳（60年代）がある（加藤周一『世界大百科事典 第2版』平凡社，2006年）。
12) 葉，前掲『開明国語課本』序文。
13) 同上書，6頁。
14) 葉，前掲『開明国語課本』6頁。
15) 1923年の新学制に基づいた小学・初等中学・高等中学の『新学制課程綱要総説明』によると，「小学の課程は国語，算術，衛生，公民，歴史，地理，自然（理科），園芸，工用芸術，形象芸術，音楽，体育の12科目に分かれる。ただし，初等小学校の4年では，衛生・公民・歴史・地理の4科目を総合して社会科，自然と園芸を合併して自然科とする」。また初級中学課程は社会科，言語文学科，算学科，自然科，芸術科，体育科の6科に分かれる（課程教材研究所編『20世紀中国小学課程標準・教学大綱汇編：課程（教

学)計画巻』北京人民教育出版社,2001年,107頁）
16)葉聖陶編・豊子愷絵「序文」『開明国語課本』下巻,上海科学技木文献出版社,2010年,2頁。
17)葉聖陶「説話訓練（話す訓練）」『教育雑誌』第39巻,1924年,23-25頁。
18)葉,前掲『開明国語課本』6頁。
19)同上書,7頁。
20)1920年代に,北京語を基礎に中国標準語の規範が作られた。
21)「70余年前の国語教育が伝えるもの／特集 1930年代の国語教材がブームに」『中国新聞』2010年12月16日付。
22)ここで,温度目盛りが華氏温度を採用しているのは,欧米からの影響であろう。
23)中内敏夫『綴ると解くの弁証法―「赤い鳥」綴方から「綴方読本」を経て―』渓水社,2012年,3頁。
24)『赤い鳥―鈴木三重吉追悼号―』第12巻第3号,1936年,290-291頁。
25)同上誌,291頁。
26)河原和枝『子ども観の近代――『赤い鳥』と「童心」の思想』中公新書,1998年,142-149頁。
27)鈴木三重吉編『赤い鳥』第1巻第4号,1918年,76頁。
28)鈴木三重吉『綴方読本』新潮文庫,1935年,526-527頁。
29)中村光夫,『明治・大正・昭和』岩波書店,同時代ライブラリー,1996年。
30)鈴木三重吉編『赤い鳥』7月号,第1巻第2号,1918年,74-76頁。
31)鈴木三重吉編『赤い鳥』6月号,第6巻第6号,1921年,87-88頁。
32)山下夏実「綴方運動における二つの生活―『赤い鳥』にみる「方言」導入と「生活」の発見―」『人間・エイジング・社会』2001年,168-169頁。
33)鈴木,前掲『綴方読本』79頁。
34)中内敏夫『生活綴方成立史研究』明治図書出版,1970年,375-390頁。

第Ⅲ部

国語・作文教育の もう一つの潮流

― 夏丏尊を中心に ―

第6章

夏丏尊の国語教育論の形成

　1920年代後半から1930年代までの葉の国語実践は，夏丏尊とは切っても切れない関係にあった。夏は葉より8歳年上で，1921年，両者は共に北京で設立された文学研究会における第1期の会員として登録されたものの，直接の接点はなかった。また，国語教育改革の「四大金剛」[1]の1人として知られている夏が1920年に浙江第一師範学校を辞任した後，同校に赴任した葉は「後[継]四大金剛」[2]の1人として称されるようになった。1925年，立達学会の創立に力を合わせたことをきっかけに，共通点が多い2人は急接近し，それから十数年の間，論文集の作成や雑誌の編著，中学校の教科書作成および教育小説の執筆などあらゆる面における実践を共同で行った[3]。そのため，先行研究では，夏と葉を分けずに彼らの理論や実践を同じように扱うものも多い。本章では，近代中国における夏の資質・能力に関わる国語教育論の独自性を明らかにするために，まず1925年に葉と出会うまでに夏がどのような理論と実践を展開してきたのかを取り上げる。

第1節　国語教育における夏の位置

　夏について，これまでは国際比較の視点から検討される対象として言及される場合がほとんどであった。たとえば，野地潤家が夏丏尊らの作文教科書である『文章作法』を比較国語教育研究において注目すべき材料として紹介したのに対して，鳥谷まゆみは夏の小品文などの検討を通して，中国における小品文理論の形成という文学史の一端を明らかにした。
　実際のところ，夏は，1925年まで新しい文学形式である小品文や作文教科書についてだけではなく，国語の教育課程と学力観，授業と評価の手順と方法，および生徒自身による学習法などに関する数々の見解を述べていた。近代中国の国語教育をさらに前進させた意味において夏の功績は多大である。さらに，

1930年代から繰り広げられた中学生国語学力低下論争のなかで、白話の文章をどのように書くかという教育改革からの要請が高まり、生活の必要に応じた専門的な文章技術をどのように身につけるべきかという課題に応じようとした姿勢も見落せないだろう。よって、求められる資質・能力論を検討する際に、夏のライフサイクルに即した理論の形成や学力観・授業と評価に関する理論と実践を取り上げて子細に検討する必要があると考えられる。

ここではまず、夏の生涯を軸にして概観していく。1886年に中国浙江省上虞市で生まれた夏は、15歳のときに科挙の秀才試験に合格した。その後、自宅での独学により、『史記』『漢書』『唐詩三百首』などを読み、『筆算数学』もマスターした。16歳のとき、キリスト教系であり、英語を重視する上海中西学院に入学した1学期が終わると、学費が払えず帰郷し、秋に杭州へ行き、科挙の挙人試験を受験した。あいにく落第したが、試験場で厳復が訳した『原富（The Wealth of Nation, 国富論）』『天演論（Evolution and Ethic, 進化と倫理）』等の本を購入したのをきっかけに、新しい思想を意欲的に吸収し、ルソー、ロラン夫人、ジュゼッペ・マッツィーニ[4]にも関心をもった。1905年、清政府による科挙制度の廃止をきっかけに、魯迅などの知識人と同じように明治維新を通して近代国家を築いた日本へ私費留学した。弘文学院、東京高等工業学校に入学するも、経済的理由で1907年に帰国する。帰国後は浙江省両級師範学堂（1913年に浙江第一師範学校に改称）の教育学科を担当する中桐確太郎（1872-1944、教育哲学・論理学者）の通訳助教として勤めるようになり、1908年、日本から帰国して同校の教員になった魯迅と親交をもつようになった。

1913年に、魯迅によって贈られた日本語版の『域外小説集』[5]を読んだのが、自らの考えを形成するきっかけとなったと夏は述べている。夏によれば、『域外小説集』は「近代的、かつ短編で、翻訳の態度と文章の風格が今まで読んだ外国小説とまったく異なり、私にとって新鮮味あふれるものであった」ため、「それから日本人が書いた文章だけではなく、日本人が翻訳した欧米作品も取り寄せて読んできた」という[6]。同時期に、夏はルソーの『エミール』を翻訳し、浙江省の『教育週報』に投稿・連載するようになった。また、夏は勤め先であった浙江第一師範学校において中桐確太郎の通訳助教を担当することで、西洋の文化を積極的に取り入れた近代日本の教育哲学と倫理学にも精通することがで

きたと考えられる。さらに，当時の浙江第一師範学校では，時間的に拘束され，しかも薄給であったために，誰もが忌避した舎監に自己推薦し，生徒たちの生活面から学習面まで細かく面倒を見ることもした。そこで夏が行った教育は，「そもそも道徳は上から押しつけられて身につくものではなく，子ども本来の感じ方から生じるのだ」[7]とルソーが言うように，まず生徒たちと親しい人間関係を築くことから始まる「媽媽（ママ）の教育」[8]であった。

第2節　浙江第一師範学校における理論と実践

　当時，夏が勤めた浙江第一師範学校の前身は浙江官立両級師範学校であり，もともと近代教育を広めようという趣旨で1908年に設立された教員養成のための中等学校である。とくに，1918年から浙江第一師範学校の校長を務めていた経亨頤[9]（1877-1938）は白話教科書を採用し，新文化を推進するリーダー的な人物であった。夏を国語科主任に抜擢したり，後に私立の春暉中学校の学校づくりのために招いたりしており，経は夏の理論形成に大きな影響を与えた人物といっても過言ではない。そこで本節ではまず経によって浙江第一師範学校に取り入れられた「純正な教育」の理念およびその方法論を検討したうえで，夏の「人格教育」論を見ていく。

(1)「純正な教育」としての「人格教育」論

　経は1910年に東京高等師範学校を卒業し，1912年に浙江官立両級師範学校の校長に任命され，それから13年の歳月を費やし，「自動，自由，自治，自律」という理念に基づき，夏らとともに同校の学校づくりと教育改革を推進した。経の講演によると，彼が行おうとしたのは『論語』にある「因材施教，因時制宜」の教育，すなわち，学習者の能力や個性に応じて教育を施し，状況を判断して対処を行うような教育であった[10]。経は，それを「純正な教育」と呼んだ。そして，「人間本位」の教育を「純正な教育」の本質として捉え，宗教とも，政治とも区別される純粋さをもつ学問の領域として提唱したのである[11]。さらに，1916年に，自分と同じような「純正な教育」者とみた夏を国語科主任として任命し，国語教育の全面的な改革を推進するようになった。

第6章　夏丏尊の国語教育論の形成

また,「純正な教育」を行うために,経が推奨したのは,「人格教育」の方法論であった[12]。当時,江蘇教育会の黄炎培(1878-1965)が職業教育を第一に推進すべきという意見を出していたのに対して,経は人格教育を打ち出したという経緯もあった。しかし,経は職業教育を否定するのではなく,職業訓練を「実質陶冶」として見なし,人格教育を「一般陶冶」に属すると見なしている。「教師の任務というのは,冷たい科学的な法則を実行するよりも,むしろ自分の血と涙をもって,自分の人格を児童に移し,児童の人格を形作る芸術家になることである」[13]というように,経は「品格の形成」を教育の目的として捉えていた。

　そのような経の影響もあり,1919年,夏は「教育的背景」という文章を書いて雑誌『教育潮』に発表した。そこにおいて,夏は,教育的背景とは何かについて,(1)人間の教育を行うには人間を前提条件にしなければならないこと,(2)境遇と時代を教育の背景としてみなすこと,(3)教育者の人格が重要であること,という三つの側面から自らの人格教育論を展開している。

　(1)についてはまず,古今東西の哲学者が人間とは何かと問われる際,つねに①人間の動物的な側面,すなわち肉体と,②理性的な側面,すなわち魂という二つの側面から説明しているという。西洋史上において,それぞれの側面を重視する流派があるが,最近の学者は魂と肉体の一致を主張している。次に,人間が生物の一種にすぎないという観点をもつ進化論の学者たちに賛同しがたいという立場を示しながらも,人間は万物の霊長であり,すべてを支配する立場にあるという思想に対しても反対の意見を示した。人間には,欲求と理性の本能,利己と利他の傾向,および服従の宿命と自由の要求,というような二側面をつねに持ち合わせているため,この二側面を調和・一致させ,衝突させないのが近代人の理想であるという。近代倫理学上で自己実現を主張するのも,教育上で調和と発達を強調するのも,この理想を実現するためであると述べている。さらに,「生きること,それがわたしの生徒に教えたいと思っている職業だ」[14]というルソーの格言を引用し,普通教育における教科はすべて人間を育成する材料であり,その科目自体を教育の目的として考えたり,学問としてみなしたりするのは間違いであると主張している。経と同じように,夏は人格教育を一種の哲学思想の潮流として捉えている。加えて,西洋倫理学的観点を取り入れつつ人間と教育の関係を捉えようとしたのである。

(2)について，夏はインドの雄大な熱帯雨林の中で仏教が生まれたことや，ヨーロッパ中部の温暖な気候下において自由思想が発達したことを例として示し，人間が境遇や時代との密接の関係をもつことを説明している。また，古代のスパルタは戦争で国を成立させたため，俊敏な動きを奨励し，教育上では窃盗でさえ推奨されたこともあるということが例として挙げられた。それは，時代と境遇に応じた知識こそ，本当に役立つ知識であると強調したいためであった。当時の教育界では，「古典重視，現代軽視」の潮流が一世を風靡していた。夏はその風潮を問題視しており，人文学が進化する過程で新しい文化の道筋と価値を説明してこそ意義があり，実生活とまったく関係のない教育が時代遅れで悪影響であると激しく批判した。経が中国伝統の儒学に即して，「因時制宜」論を提起したのに対して，夏は外国における事例を引き合いとしてその時代と状況に応じた教育を行う必要性を説いたのである。

(3)において，夏は学校を「学びの店」にたとえ，教育者は知識を売る人で，被教育者は知識を買う人でしかないという近代の学校教育のあり方は機械的すぎると批判した。本当の教育は，被教育者の人格の完成をめざすものであるとし，知識はあくまでも人格の一部分にすぎないと主張している。そこで，ルールだけに頼るのではなく，教育者自身が相当な人格者として，被教育者を感化しなければならないと主張した[15]。これは，経が「一般陶冶」として捉えた人格教育の方法論を夏が受け継いだものであると考えられる。

このように，夏は経と同様に，人格形成を教育の究極の目的として捉えている。また，「狭義の人格教育を言えば，徳育と智育である」[16]といった経は，とくに国語科や美術科を人格教育のための代表的な教科として捉えた。それは，夏の国語教育改革の取り組みにとって大きな支えとなったに違いない。

(2) 国語教育における10段階教授法

浙江第一師範学校では，「文化の改造と増進は必ず文字から始まる」[17]という経の方針により，白話文・国語運動が積極的に展開されていた。夏が1916年に浙江第一師範学校の国語科教育の主任に任命されてから，教員による国語教育改革団体を組織し，『国語教授法大綱』と『国語教材』を編集・印刷し，注音符号，文章記号，国語文法などを教える教材シリーズを作った。とくに，陳

望道,劉大白,李次九の3人の国語教師と肩を並べて改革に取り組んだことで,4人は新文化運動・国語運動の代表である「四大金剛」と呼ばれるようになった。

「四大金剛」の国語教育改革はどのようなものだったのか。学校における記録は残されていない。しかしながら,夏らの実践を国語教育改革の典型的な事例として取り上げた言語学者の何仲英が発表した論文から,その実践の一端を垣間見ることができる[18]。まず,浙江第一師範学校における国語教授の目標として,次の二つが挙げられている。「一,形式上。生徒が現代語または近現代語(たとえば,日刊新聞と中等学校以下の科学教科書が使った言葉で発表された文章など)がわかり,また,早く正しく読むことができる。生徒は現代語を使って自分の思想と感情を表現することができ,また,その表現は自由・明白・普遍かつ迅速でなければならない。二,実質的。生徒に人生の真意と社会現象をわかってもらうことである」[19]。つまり,経が学校教育の目標を「一般陶冶」として捉えるのに対して,夏らは学校教育の国語科における教育目標として形式陶冶と実質陶冶を据えた。形式陶冶のためには読み書き・表現などの能力を身につけさせることをめざすのに対して,実質陶冶のためには生きるための哲学思想や社会の常識を理解させることを目標として設定している。

これらの教育目標を実現するために,夏らは白話文の教材を取り入れ,問題解決を中心にした教授法を開発したのである。それは,下記のような10段階の手続きから構成される[20]。

(1) 説明:毎週あるいは隔週に教員は一つの研究課題を出す。この課題に関する材料を生徒に配布し,読む順番を指定する。生徒は全部読み終わらない場合,いくつかの材料だけを選定する場合もある。
(2) 質問:生徒は,教材の文字や意味内容についてわからない場合,教員に尋ねる時間を作る。
(3) 分析:一つの文章材料を読む際に,まず分析を行う。それは,①一編の長文を段落分けし,それぞれの段落に新たに題目をつける,②各段落の意味について自分なりに解釈し,その要約をするという2段階からなる大綱づくりの手続きである。
(4) 総合:いくつかの文章を読み終わった後に,特定の課題について総合

的な作業を行うことを指す。この作業の流れは次のようになる。
① 自分が各文章の段落につけた題目の異同を分別する。同じような題目の段落を合併し，異なった内容の段落について新たに題目をつける。
② 題目の分類に即し，課題をいくつかのテーマに分けて，それによって題目を振り分ける。
③ 分類されたテーマに関する意見を文献から引き出して簡潔な言葉にまとめる。これは特定の課題についての大綱づくりである。

(5) 書面による批評：生徒が大綱を作り終わったあとに，自分がこの課題に対する意見を文章化して読書ノートを作る。

(6) 口頭による批評：教員はランダムに何人かの生徒の大綱と批評の文章を取り出して紹介し，その内容について生徒たちに口頭で批評させる。また，生徒の批評について，教員は随時にコメントする。

(7) 生徒の講演：生徒が順番に教壇に立って自分が課題に関して作った大綱と批評について発表する。

(8) 弁論：教員または生徒が同じ課題に対して二つの異なった仮説を提示し，生徒がそれぞれ賛成する説を決めて，二つのグループに分かれてディスカッションをする。教員は随時判断し，コメントをすべきである。

(9) 教員の講演：二つの種類がある。一つは，生徒の批評文の内容を統計的に見て総括的に評価することである。もう一つは，特定の課題について自分の意見を述べることである。

(10) 読書ノートの批正：生徒が書いた字句について不適切な部分があれば，教員は添削すべきである。

この10段階教授法の特徴として，伝統的な一方的な授業スタイルを打破し，教師と生徒の共同的な検討によって結論が導かれることにある。そして，出された課題を中心に据え，聞くこと・話すこと・読むこと・書くことが有機的に結合され，さまざまな知識と現象を総合して考え，表現する力が培われることとなる。それは，たんに教員の指導に寄与するのではなく，生徒の学習の手引

きにもなりうるものである。とりわけ,生徒の主体性を引き立て,研究する動機づけを持続するとともに社会を生きる力を育成する点において,当時においては非常に先進的な実践であろう。しかしながら,この実践を取り上げた何かは,生徒の思考を発達させること自体に賛成の意見を表明した一方で,このようなやり方はまるで学術講演会や課題検討会を開いているようで,はたして国語文学を教授しているといえるだろうかという疑念も呈した[21]。こうした賛否両論のなかで,夏らは10段階教授法を国語科において実践しつつ,広めようとしたのである。

(3)「真実」を重視する作文指導とその危機

　具体的な作文教育の指導として,夏の実践は当時において非常に斬新なものである。それを,一言でいうと,「真実」を重視した作文指導の徹底であった。実際のところ,胡の「文学改良芻議」が発表される前から,夏はすでに典故を使わず,白話でわかりやすい文章を書こうという理念で作文教育を行ったと言われている[22]。具体的には,夏の教え子である豊子愷の回想録によると,次のようなエピソードが取り上げられている。

　　入学してきたばかりの生徒たちに対して,夏はまず「空論を並べずに正直に書いてください」と,「自分について語る」文章を書かせることにした。ある生徒は,彼の父親が異郷に骨を埋めたため,自分が「星夜に匍匐して葬式に駆けつけた(星夜匍匐奔喪)」と書いた。その生徒に対して,夏はこう問いかけた。「あの夜,君は本当に地面に伏せた状態で移動したのか?」
　　教室は瞬時に笑いの渦に巻き込まれた。もう一人の生徒は学習に対して愚痴をこぼし,隠遁の生活を褒め称え,自分が「琴や書を楽しみ以って憂を消す,独り立つ松を撫し立ち去り難し(楽琴書以消憂,撫孤松而盤桓)」というようになりたいと,陶淵明の詩を部分的に援用した。すると,夏は「じゃあ,君はなぜ師範学校の入学試験を受けたのか?」と問いただした。その生徒は恥ずかしくて返す言葉がなかった。

　このような教え方は,最初は旧派の教師によって猛烈に反対された。なぜならば,彼らは文章では典故を用いず,また愚痴をこぼさないと,高尚

にはならないと考えていたからだ。さらに「彼〈夏〉は自分で文言を書けないから，生徒にも書かせないのだ」という噂を立てられたこともある。しかしながら，これはあくまでも少数派であった（筆者注：実際のところ，15歳で秀才〈科挙の科目の一つ〉に合格した夏は文言を書けるだけではなく，文言に長けていたのである）。多くの生徒は，夏先生のこの大胆かつ斬新な教え方に驚かされながらも感服している[23]。

こうして，作者がもつべき態度として，「真実」を第一に置く姿勢が彼の作文教育の実践上で貫かれていた。現実に目を逸らすような風潮を助長する科挙制度が千年以上続いた中国で，夏は科挙で重視された誇張的な表現を徹底的に排除しようとした。さらに，このような新しい思潮と教育方法を，夏らと浙江第一師範学校の生徒たちは雑誌作りによって社会へ発信し，大きな反響を呼んだ。そのなかで，最も影響力をもったのは，雑誌『浙江新潮』であった。一方，新しい実践は何もかもが順調に運んだわけではなく，古い思想をもつ勢力との対立はますます激化していった。

1919年11月1日，同校の生徒である施存統が『浙江新潮』第2期に「非孝」という文章を投稿し，家庭のなかで男女不平等な孝道の代わりに平等な愛を用いるべきであると主張した。この文章は，編集長を務めていた夏のもとに届き，夏は文章を読んでそのまま刊行を許した。しかしながら，この文章が引き金となり，それ以前から浙江第一師範学校の新しい思想と実践を災いと見ていた浙江当局は，「大逆無道」とみなして，作者の生徒の取り締まりを命じた。またその背後で支持する教師がいることがわかると，夏ら「四大金剛」を解雇し，生徒の施を退学させる要求を校長の経へ持ち出した。しかし，経は「生徒が学校をやめさせられることは教育の自殺である」という理由で，当局の要求を断った。その後，冬休みになると，当局は経に校長の職務をやめさせることを言い渡した。教師と生徒たちはこのことを知らされると，学校にすぐに戻り，教育庁にすでに出した決定を取り消すことを要求し，デモを行った。これは，何ヵ月にもわたって世間を騒がせた「一師風潮」という学生運動であった。

この事件をきっかけに，夏らは官立の師範学校を離れざるをえない立場に追い詰められるようになった。そもそも，夏の国語教育改革は，民主や科学を追

求するような人格形成を究極の目的としたために,作文における「真実(リアリズム)」を重視する文章指導を実践してきた(その背後には,日本の大正自由教育からの影響もあった。両者の関連についてまた第7章において詳しく検討する)。さらに,問題解決的な10段階教授法は,生徒の白話による読み書きの力だけではなく,批判的な思考も育むこととなった。

しかしそれは,教育の統制を強めようとする教育当局にとって最も恐ろしい事態であった。そのために,教育当局は,夏のような進歩的な教師を必死に弾圧しようとした。一方,夏らはそうした教育改革の危機に直面しながらも,新たな自由な学校づくりの道を模索していく。

第3節　春暉中学校における動的教育

1920年,経は公立の浙江第一師範学校を離れ,浙江省上虞に戻り,白馬湖畔で新しい理念に基づく教育を行う私立の春暉中学校の設立に取り掛かった。夏も故郷を離れ,湖南第一師範学校に移った。同校で教鞭をとっていた毛沢東は,夏について,「丐尊先生は政治のことはまったくわからないが,彼の人格を私は崇敬している」[24]と評したこともある。1921年に,春暉中学校が設立されると,夏は経の招きに応じて同校に移り,春暉中学校の学校教育と国語教育改革に深く関わることとなる。次に,春暉中学校が行った新式教育とはどのようなものなのかを明らかにしたうえで,夏の国語教育改革の実践を取り上げる。

(1) 春暉中学校の教育方針と編成

春暉中学校の設立の方針と方法論について,経は動的教育論を援用している。それは,日本の及川平治[25] (1875-1939) が新教育を日本に導入した際に考案したカリキュラム編成論と教授法であった。1918年,及川の実践が教育雑誌において紹介され,さらにその著書『分団式動的教育法』が翻訳出版され,中国の教育者からも注目を集めた。「分団」とは要するにグループのことである。「動的」とは,従来のような静的なカリキュラムや指導法から抜け出して,個々の子どもたちの生き生きした活動を中心に据えた授業のあり方を表した言葉である。経は最新の「教育三大主張」として,①機能(静的教育をあらためて動的教

育となすべきこと），②能力の差異（分団式），③発展（学習法）があると，指導主事が集まる研修会において紹介した[26]。及川の「教育三大主張」は，「機能的な科学，すなわち，動的心理学と動的論理学等の基礎のうえに建設された教育法として，まさしく画期的な大発明である」[27]と褒め称えられた。

　それでは，及川の主張を，経はどのように受け止めたか。経はまず，児童生徒の個性を無視した近代教育を「鋳型教育」にたとえ，次のように批判した。「教育は児童生徒の能力不同の事実を考慮に入れなければならない。しかし，現今の教育は児童の能力と境遇を物ともせず，同じ制度下において，同じ修業期限を設定し，貧富や賢愚の差を問わず年齢によって学年を編成し，同じ教育課程を履修させる。いわゆる，庭園に置いてある草刈り具と変わらない学年別教育を想定している。それは実に大間違いである」[28]という。つまり，年齢主義に基づいた画一化した学校教育の問題を指摘している。

　また，「学年別という学校の編成とその規準は，教育の便利を図るためであり，被教育者のために設計されたものではない。［中略］児童生徒を同じ教室に幽閉し，同じ題材と同じ方法で，賢い子の発達を阻害するとともに，能力の低い子を厳しく促している。個々の能力は必ず差が存在し，同じ方法で万人に同じ理解をもたらす教授法などはけっして存在しないだろう」[29]と主張している。

　そのため，経は能力別学級編成を歓迎する。とりわけ，英才教育よりも「低能児（障害児）」教育を優先すべきであるという。各国においてすでに障害児のために特別教育を研究し，実施している事実があることと，被教育者が知能の不足で成長が阻害されてしまうため，教育の必要性が高まっていることを，その理由として挙げている。また，学級単位の教育は個別教育よりも優れている点として，教師が活動単位として認識しやすいことと，児童が共同学習によっ

学級教育の全体＝ 全級的 ＋ 分団的 ＋ 個別的教育
　　　　　　　　　　　　分団式教育

出典：経亨頤「最近教育之三大主張」（1919年）をもとに筆者作成。

図6-1　分団式教育

て集団生活の修養を身につけることを挙げている。しかし，学級教育は個人の要求にほとんど応じることができないという難点も指摘されることとなった。

そこで経は，分団式動的教育法は，一斉教育と個別教育との互いの長所を取り，短所を補い合う効果があるとし，今後の学級教育は，一斉授業と同じようなレベルで，「分団的教育」と「個別的教育」を行うべきであると提唱した。その学級教育の全体を以下の図式で表している。

これはすなわち，一斉授業と同様に，グループ学習や個別学習が行えるカリキュラム編成を学校教育に取り入れることを意味する。具体的には，経は春暉中学校を建設するための企画書で，まず次のように提案する。「わが国においては，年数を計算するけれども，教材を計算しないという大きな教育の欠陥がある。卒業が近づくと，教育計画の細目をもたない教員は必ず教え切れない内容を略したり，適当に済ませたりする。これは通例になっている。対策を打つとすれば，年限にこだわらずに教材を中心に据えるとよい。動的教育は，課程の年限が足りるかどうかを問わずに修了したかどうかを問うものである。学業を随時に開始，修了しても可」[30]と述べる。これは現代の観点から見ると課程主義の観点に似通っている。

次に，「能力別学級編成を，動的教育の要件とする」経は，当時の中学校における4年制の課程をそのまま援用すると主張する。また，少数の「低能児」が成績不合格で1年の留年になるのはその若者の時間を尊重していない。加えて，家庭で自学し，入学資格をもたない生徒は中学校の入学を断られつつある現状を受けて，彼らのために予備学級を設けることを提案した。さらに，もともとあった1，2学級と3，4学級の間に，補修学級を一つずつ設け，予備学級と合わせて七つの学級からなる学年の構図を描いた。この構図はのちに春暉中学校の建設案としてそのまま採用された。

経の主張を，及川の原著である『分団式動的教育法』の内容と比較してみると，経は，近代学校に対する批判的な意見も学級編成に関する方案も基本的に及川の見解を受け継いだことがわかる。新教育の流れのなかで，まだ個別化した教育としての土壌が十分整っていなかった日本において，及川は，個別学習と一斉授業の，いわば折衷案としての「分団式」を提唱した。それは，当時において新教育の実践を始めたばかりであり，また白話文の学習法も成立していない

近代中国における教育実践者にとって非常に魅力のある提案だったのであろう。

(2) 春暉中学校における国語教育改革の実践

　1923年，夏は経の依頼を受けて，国語科の授業をはじめ，教務・教員採用など学校運営全般を任されるようになった。そこで「同志」を集め，「純正な教育」と「動的教育」の理念とした「ドアも壁もない（無門無墻）」学校づくりをめざした。まず，学校全体の目標として，夏は次の四つを提案している。①現地の農村地方における識字率の向上，②高等学校や教科の増設，③男女共学の推進および女子教育の研究開発，④「純正な教育」を擁護する教員の質と量の改善である[31]。とりわけ，「純正な教育」を引き継ぎながら，「動的教育」を取り入れる国語教育の改革が推進された。主として，次の三つの方面から改革の実践が行われるようになった。

　一つめは，国語教育の教材編成についてである。夏らは国語科を必修科目と選択科目の二つに分けている。必修科目では，商務書局によって出版された『国文課本』と教師自身が自主編成した『授業講義』の2種類があり，模範文の選択読み，文法，文章法の内容が含まれている。模範文を選択する基準として，内容の新しさ，形式の見やすさを重視するだけではなく，生徒の情意面の陶冶を意図している。さらに，言語文字，文章法から示唆が得られる文学作品や雑誌論文が重視されている。これらの模範文は『新青年』『新潮』などの進歩的な雑誌から採用されたものが多いため，白話文を推奨する文学改革と教育改革の主張は生徒の間にも浸透していった。

　一方，選択科目は学年ごとに設けられている。第1学年は補習を中心とし，第2，3学年は個性を伸ばすこと，第4学年は最終調整をその方針とした。内容は実用文や修辞法から，文学史や近代文芸思潮までにわたり，難易度は浅いものから深いものまで含まれているため，生徒のさまざまなニーズと水準に応じたグループと個別学習が用意される。これはまさに，生徒の能力不同に応じた動的教育が国語教育における活用であるといえよう。

　二つめは，課外学習の時間を確保することである。「本校教員一同は，授業を教育方法の一種にすぎないと考えている。教育のすべての効果を与えるため

には，別方向からも努力しなければならない。課外講演は，私たちが努力して歩んだ一つの道であり，これからも継続的に努力する」[32]と夏が述べたように，1922年10月7日から，春暉中学校では，それまで毎月1度土曜日に行われた講話会を毎月の5日，15日，25日の夜に行うようになった。その趣旨は，①「知識を重んじ，正課の補助を行う」こと，②「偶発の事件や時事に備えるよう情意の修養を重んじる」こと，③「校外の来賓が行う臨時講演の場を提供する」こと，という三つがあるという。

当時，夏の招きによって経が初めて「青年修養問題」という講演を行う際には，「本校の土曜日の夜に設けられる課外講演という生徒を支援する試みに非常に賛成である」[33]という応援の言葉を夏に送った。その後，夏は登壇者と主催者として課外講演に携わった。登壇者として，「都市と近代人」「月夜之美感」「1922年を送る」「この冬休みをどのように過ごすか」など7回の課外講演を行った。また，主催者として，1922年から1925年の3年間，蔡元培・胡適・葉聖陶をはじめ，当時の中国において大きな影響力をもつ教育者を招いて，その数は26人にも及んだ。これらの課外講演は教育者の生の声によって，生徒の視野を大きく広げただけではなく，教師にも生徒にも専門家からたくさんの言語や科学に関する知識と素養を与えることとなった。さらに，これらの講演を聞いて終わるのではなく，生徒も週に1回の講演を行うことによって，プレゼンテーション能力と応用力が鍛えられた。

三つめは，文章の批評と成績づけについてである。夏は浙江第一師範学校のときから，書面による批評と口頭による批評を重視してきた。さらに春暉中学校では，生徒と顔を合わせた文章批評が夏らによって行われたことが知られている。同校の卒業生である王文川の回想録によると，「夏丏尊はよく私たちを彼の所に誘って，その場で文章を訂正しながら，詳しく説明してくれる。それによって，間違いがどこにあるのかを気づかせる。さらに，彼はよい文章に出合うと，すぐ掲示して見にいこうと声をかけてくれる」[34]。成績づけについては，生徒一人ひとりに成績昇降表を配り，毎回の作文に昇降を表す記号をつけ，生徒に自分の文章力がどれだけ伸びたか，あるいは遅れたかを可視化している。

こうした夏らが行った教育実践の成果について，国語学者の朱自清は次のように評価する。「春暉中学校の設立から2年が経った。私は飛び入りの客員講

師として同校の門をくぐった途端に，ほかの学校にはない穏やかな，かつ親切な雰囲気を感じ取った。同校によって刊行された雑誌を読むと，ほかの学校雑誌にない暖かさと面白味があった。さらに，授業を行うと，同校の生徒がもつ文学と芸術に対する鑑賞力と表現力は，ほかの学校の生徒よりはるかに勝っていることを実感した」[35]と述べた。そして，わずか数年の間に，「北は南開，南は春暉」という称号を得た春暉中学校は中国屈指の新式中学校として成長した。つまり，夏らが人格教育を中心に据え，動的教育法を行った結果，早くも効果が表れた。100人を超える規模の中学校として教育改革を行いやすいという利点があったものの，中学校の運営者と国語教師として努力してきた夏らの理論と実践は，現代においても色褪せない価値を有すると評されるべきであろう。ただし，夏が構想した識字率の向上と教育普及の推進という春暉中学校の全体目標は，はたして実現されたのか，という点についてはまた機会を改めて検討しよう。

1)「四大金剛」とは，陳望道，劉大白，李次九，夏丏尊という新教育を推進する4人の国語教師を指す。
2)「後四大金剛」とは，朱自清，俞平伯，劉延陵，葉聖陶という進歩的な国語教師4人を指す。
3) 劉増人『葉聖陶伝』東方出版社，2009年。王利民『平屋主人：夏丏尊伝』浙江人民出版社，2005年。
4) ジュゼッペ・マッツィーニ (1805-1872) は，イタリア建国の志士。権利に先立つ義務を説き，祖国を共同体の意識と捉えて国家統一を唱えた。マッツィーニ著，齋藤ゆかり訳『マッツィーニ 人間の義務』岩波書店，2010年。
5) 魯迅・周作人『域外小説集』新星出版社，1909年。
6) 夏丏尊「魯迅翁回想録 (魯迅翁雑憶)」『文学』1936年11月。欧陽文彬編『夏丏尊散文選集』百花文芸出版社，2004年，121-128頁に収録されている。
7) ルソー著・夏丏尊訳「愛弥児 (エミール)」『浙江教育週報』1913年に連載。
8) 豊子愷は浙江第一師範学校で受けた夏丏尊の教授を「媽媽 (ママ) の教育」にたとえたことで知られている (豊子愷『豊子愷全集』海豚出版社，2014年)。
9) 経は1903年に日本の東京高等師範学校に留学し，教育学と数理学を専攻した。留学期間中，孫文などの革命家と出会い，国民国家のための改革に憧れをもつようになった。1907年から師範学校や中学校で教鞭をとることとなり，1911年から1920年まで浙江第一師範学校の校長を務めた。さらに，1925年以降，国民革命に身を投じ，国民政府常務委員，国民政府全国教育委員会委員長，中山大学代理校長などを歴任した。
10) 経亨頤「乙卯聖誕日祝賀式校長訓論」『経亨頤教育論著選』人民教育出版社，1993年，42頁。

11) 同上書, 57-58 頁。
12) 同上書, 96-119 頁。
13) 同上書, 59 頁。
14) ルソー著・夏丏尊訳, 前掲『浙江教育週報』1913 年。
15) 夏丏尊「教育的背景」『教育潮』第 1 巻第 1 期, 第 2 期, 1919 年。
16) 経, 前掲書, 12 頁。
17) 同上書, 187 頁。
18) 何仲英「白話文教授問題」『教育雑誌』第 12 巻第 2 号, 1920 年, 1-15 頁。
19) 同上論文, 3 頁。
20) 同上論文, 9-10 頁。
21) 同上論文, 10-11 頁。
22) 傅彬然「記夏丏尊先生」『文萃』1946 年, 7 頁。
23) 豊子愷『豊子愷文集』第 6 巻, 浙江文芸出版社, 1992 年, 156-158 頁。
24) 朱自清「教育家の夏丏尊先生」『朱自清散文全集』1946 年, 3 頁。
25) 及川平治 (1875-1939) 大正・昭和初期の新教育運動の指導者。宮城県出身。1897 年宮城県尋常師範学校卒業。1907-36 年, 兵庫県明石女子師範学校の附属小学校主事として活躍。主著『分団式動的教育法』(1912),『分団式動的各科教育法』(1915) は, それまでの画一的な詰込み教授を批判し, 児童中心主義の理論に基づく教育のあり方を実践的に示したもので, 当時の教育界に大きな影響力をおよぼした。また, 1921 年の夏に開催されたいわゆる「八大教育主張講演会」でも「動的教育論」を講じた (世界大百科事典第 2 版)。
26)「最新の教育三大主張の要旨は, 日本の及川平治が著作した『(分団式) 動的教育法』の第 1 章をまとめたものである」経亨頤「最近教育之三大主張 (1919 年)」前掲『経亨頤教育論著選』162-171 頁。
27) 同上論文, 163 頁。
28) 同上論文, 165 頁。
29) 同上論文, 165-166 頁。
30) 経亨頤「春暉中学計画書──陳春瀾先生之委託を受けて」前掲『経亨頤教育論著選』177-182 頁。
31) 夏丏尊「春暉の使命」『春暉』第 20 期, 1923 年。
32) 同上論文, 9 頁。
33) 経亨頤,「青年修養問題 (1922 年)」前掲『経亨頤教育論著選』121 頁。
34) 王文川「懐念母校 (母校の思い出)」『春暉中学六十周年校慶記念冊』1981 年, 152-153 頁。
35) 朱, 前掲論文, 257-258 頁。

第7章

国語学力低下論争の勃発

　1920年代半ばまで春暉中学校において動的教育に即した白話文教育の改革を行ってきた夏は，さらにそのような新しい教育の普及に力を注ぐようになった。夏は学校における文集作りという枠を超えて，葉などの意気投合した仲間とともに，学会の創立や出版社における雑誌の編著など，さまざまな教育活動を展開していった。本章では主に，夏らが1925年以降，どのような教育活動を展開し，白話文教育においてどのような新たな問題に直面したのかを検討する。

第1節　夏の教育活動の展開と『中学生』

　夏が春暉中学校において国語教育を展開した時期は，ちょうど新学制が成立した頃であった。北洋政府の教育部が1922年において日本を模した学制を廃止し，アメリカの6・3・3制をモデルとする「新学制」(「壬戌学制」)を導入した。しかしながら，多くの教師は新しい学制の意味も理解しておらず，また日常生活において使える白話を国語の授業にどう教えるのかもわからなかったために，旧来の文言読本のみを用いて，依然として児童生徒の生活・心理と乖離した文言を用いて教授していた[1]。春暉中学校において，夏は『春暉』隔週刊を創立し，編集長を務めた。当時，これは，辺鄙な位置にある春暉中学校が社会に向けて，新しい教育理論と実践を発信するために唯一の有効な手段だったためであった。

　1925年3月，夏などの教員たちは自由な教育改革を推進するために，新しい教育活動に取り組んだ。それは，「立達学会」の創立であった。学会の主旨は，「人格修養・学術研究・教育発展・社会改造」として掲げられた。このとき，立達学会とその附属中学校「立達学園」を設立することをきっかけに，夏と葉ははじめて顔をあわせた。

秋になると夏は「立達学会」によって建設された「立達学園」に赴任した。当時，立達学園では国語教師の不足が深刻な問題となり，数理学を専門とした教師の劉薫宇が国語科の教師として任命された。劉は，夏の国語講義を参考にし，1年の実践を経て訂正を加え，2人の連名による『文章作法』が1926年に出版された。それは，立達学園の常用教材として採用された。同年，立達学会の学会誌『一般』が創刊されると，夏は編集長を務めるとともに，復旦大学の国語教授を兼任するようになった。

　1930年代になると，国語運動と新文化運動の成果が上がる一方で，生徒の国語学力に関する問題がますます著しくなってきた。そうした状況下において，夏は1930年に，「学校以外のところが数十万の中高生の近況と前途にまったく関心をもたないのはおかしくて残念なことである」と述べ，「中高生諸君に貢献するために」，「本誌は，学校の勉強の不足を補うこと，多方面の趣味と知識を提供すること，進路を指導すること，質疑応答をすること，便利な発表の場を提供すること」[2]という主旨を『中学生』の創刊号において公表した。創刊号が出版されるとすぐに，保護者と生徒たちは書店に駆けつけて注文し，たちまち2万部を突破する売れ行きとなった。『中学生』の創立は，夏にとっては人格教育を展開するために継続して社会に向ける発信の一環であり，当時の中高生[3]にとっても教材不足という深刻な状況を打破した。

第2節　中等教育の目的について

　1921年アメリカのモンローは中国に対して全面「調査」をし，中等教育が最も遅れていると認めた[4]。そのため，1922年新学制では中等教育強化の意図を体現し，夏も中等教育に最も力を入れるようになった。そこで，まず夏が注目したのは，何のための中等教育なのかという問題であった。その答えとして，1930年の『中学生』において，夏は「教材を受けることと教育を受けること」という文章を発表した。

　そこで，夏は教育と学校の目的について，次のように解釈している。「教育は能力を与えるためのデザインであり，学校はこのデザインを執行するために特別に作られた人為的な環境である」[5]。また，教科は「人類の文化における概

略的な項目であり，言い換えれば，単なる常識の一種にすぎない。それは心身の発達上における総合的な能力を育成するのにふさわしい材料となるのである」[6]と述べる。つまり，学校では教科書を通して生活に必要な基礎知識を学び，それは生きていくうえで必要なものである一方で，それだけのレベルにとどまってしまうと，「教育を受けている」のではなく「教材を受けている」としか言えないという。「教材を受けている」ことから「教育を受けている」ことにレベルアップするためには，知識をたんに暗唱・記憶するだけではなく，必ず自ら考えて十分理解し，かつ生活のなかで検証してそれを自分自身の一部として定着させなければならない。そこで，中高生の読者に対して，「諸君は教育を受けるために学校に来ているのだ。教材を受けるために来るわけではないだろう」[7]と問いただした。

続いて，中高生にとって学校での教育を受ける最終的な目的は「実力を養成するため」であると述べる。「実力」とは，試験に対応するための能力や，実社会において生きていくための専門的な技能でもなく，一般的に言う心身発達上における必要不可欠な諸能力である。その内容として，「健康力，想像力，判断力，記憶力，思考力，忍耐力，鑑賞力，道徳力，読解力，発表力，社交力等」が挙げられている。つまり，中等教育は「教材を借りて生徒に実力を身につけさせる」段階であり，中等教育段階においては生徒の精神上における実質的な諸能力を重要視する夏の考えが色濃く反映されている。人格教育というよりも，実力を養成するための教育はより学習者に伝わりやすい要素も考えられる。しかしながら，その実力は中等教育の国語教育に当てはまるものなのか，国語教育の目的・教材・方法はどうあるべきかがそのまま課題として残された。

第3節　問題提起——生徒の国語学力は低下しているか？

1931年12月，『中学生』において「中学生の国語の前途における悲観」という文章が中学校の国語教員である「尤墨君」によって発表され，8名の中学生の作文を例として多くの言葉と文法の間違いが指摘された[8]。これにより，世間の人々が中学生の国語学力に対する関心を寄せるようになった。翌年，『中学生』第29号の巻頭言において，新しく編者として加わった葉は夏とともに，「最

近，何人かの先生に出会って，彼らはみんな，生徒の国語学力が低下していて，なんとかして改善しなければならないと嘆いた」[9]と問題提起をした。続いて，第30号の巻頭言では，生徒の進路に関わる司法行政部の入試問題について下記にように述べられている。

　　聞いてみたいが，生徒が『論王者之政必自経界始（王の政治は必ず経界[10]より始まる）』というテーマをいきいきとして筋が通っているように書けたとしても，彼の実生活とは何の関係があるのか？
　　科挙[11]の精神［みんなに平等であること］とは異なり，中等教育段階の国語の教育課程にはそれなりの目的があるのである。……作文教育について，生活と発表の意志に着目するのが最適であり，言葉で実生活上の出来事が記録できないことこそ，（国語）学力の欠陥である。中高生の諸君にもう一度言いたいのは，このようなテーマができないのは当然であり，恥ずかしいことは何もない[12]。

　この文章の背景として，当時，古典教育を擁護する教育者が多数存在しており，彼らは生徒に文言で論説文を書く力を求めるようなテスト問題を推奨していた。しかし，ほとんどの生徒がうまく書けないのも実状であった。それは，1920年に国文科が国語科に改名されて以来，生徒は小学校の段階で主に白話の授業を受け，中学校に入学してからはじめて文言という古典語を系統的に勉強するようになっていたからである。このように育てられた生徒に「古典の教養」を求め，文言文を書く力というような「国語学力」を試しても，それは低下しているという結論しか出せないだろう。
　また，1932年に改訂された『高級中学校（高等学校）国語課程標準』においては，古典教育の割合を増加し，「白話文を文言に訳し」，「外国の短編小説を文言に訳する」などの学習活動が加えられた。当時の国民党政府は科目選択制を廃止し，各学年の国語科における儒家の経典を読む時間というような宿題の時間数まで規定し，国民党の趣旨や革命記念日などの歴史を記した「党義教材」を国語教育に取り入れることを命じた。つまり，国家主義の台頭によって国語教育がイデオロギー規制に利用されるようになったのである。それに対して，

夏らは「復古（主義）」と呼び，批判する立場にたっていた。

一方，儒家の経典を読むことを擁護する教育者汪懋祖は「進学や社会における応用のためだけではなく，進学しない者が文言を習得する機会を断つべきではない」[13]と述べ，小学校の高学年および中学校における古典教育をよりいっそう増やすべきであると主張した。これは形式陶冶を重視する立場ともいえるが，社会の実用性という観点からみると，1930年代の新聞と公文書において，文言を使うことがまだ多かったため，こうした発言には一定の妥当性があると認められるだろう。

それに対して，1934年第43号の『中学生』巻頭言では，「教育目標」として中学生は文言で作文する必要がないとあらためて強調された。とりわけ，南京で行われた「大学教育の危機」の演説において示された中等教育が責任を負うべきという見解について異論が唱えられ，その危機の本当の原因を探るべきだということが述べられた[14]。さらに，第49号の『中学生』では，「生徒の国語学力は低下しているのか？」と題した巻頭言[15]では，「一体どのように低下しているのか？ 低下の現象は普遍的なのか，特殊なのか？ その原因はどこにあるのか？」という問いが発せられ，「われわれは国語学力低下に関する嘆きを一つの課題として見なすべく，精密かつ仔細に考察していく」必要があることが指摘された。また，「生徒と国語の教師はどのような困難を抱えているのかを教えていただき，みんなでそれを検討し，低下しているか否やという問題に答え，そこから生徒たちの国語学力のさらなる向上を促す」ことが提案された。これは，生徒の国語学力に関する議論の全面的なスタートを宣言する文章となった。

第4節　論点の整理──生徒と教師の応答・議論

「巻頭言」の呼びかけに応じたかのように，生徒の国語学力の水準に関する熱い議論がたちまち引き起こされた。1935年，「生徒の国語学力に関する討論（中学生国文程度的討論）」という特集が『中学生』第51号において組まれた。たとえば，生徒からは古人の言うことが絶対的な真理のように押しつけられ，自分の受容力を大幅に超えた暗記再生を求められるような国語授業を「窮屈な靴」

に例えた体験談が寄せられた[16)]。また「中高生諸君よ，あなたたちは何を書けるのか」という第49号の文章での，上海市高校卒業試験において評価された「優れた文章」[17)]を風刺されたことに対して，それを上海生徒ないし全国生徒の国語学力を代表するものとして見なすべきではないという反論をした投稿なども見られる[18)]。

　また，北平師範大学[19)]1年生の学生は，雑誌『中学生』第57号に掲載された「生徒の国語についての検討」において，国語学力低下の問題は，この1, 2年間だけではなく，すでに6, 7年前から教師や親戚の間に言われてきたことであると振り返った。すなわち，生徒たちが，漢詩を作るときの「平仄」というような言語ルールも知らず，典例や故実などの「国語の根底」も備えていないということが問題視された。しかしながら，「国語の根底」がまったくないとされていた1人の若い教師が国語授業を担当したのをきっかけに，中学生だった著者が青年向けの雑誌や新聞などを愛読するようになり，いろいろな時事と社会の出来事に関心をもつようになったという。したがって，「生徒の国語学力の低下」は根拠のない話であると指摘し，江蘇省庁刊行の「江蘇省第一回高校卒業成績分析研究」から，「国語が不合格の169人のなかで，文言文ができない生徒が156人で，白話文ができない生徒が11人」という文を引いて，国語が本当にできない人はただの11人であったと主張するとともに，経書を読むことや漢詩を作ることが本当の国語学力の向上につながらないと復古主義を激しく批判した[20)]。

　対照的に，教師側は生徒の国語学力（とくに文章力）低下の実態を認める傾向にあった。そのうえで，原因を究明することに取り掛った。たとえば，上海中学の国語教師の宋畦は，国語学力の低下の背景に次の二つの原因があったと述べている[21)]。第1に，国語科の教育が軽視されていたためである。「実業救国」という教育当局の呼びかけに応じて，学校では生産教育が重視され，数学と理科の時間が増え続けてきた。その結果，生徒が国語を勉強する時間は確保できなくなった。後に教育者たちは国語学力の低下を憂慮し，また国語科の時間数を増やした。しかし，進学・卒業といった従来の学校教育の目的が変わらず，かつそこでの方法も文言で作文するという古い思想のなかに閉じ込められていたため，当然国語学力は上がらないままであった。

第2に、教材編成が妥当ではないということである。生徒の興味・関心を問わずにただ単一のテキストを使って時間を潰すやり方と、孟子・論語・左伝・荘子を唯一正しい教材として使用するという二つのやり方が反面教師として紹介された。生徒を主体に置き、彼らの現実生活と関連した教材を選択し、教育内容を再編成してこそ、国語に対する興味・関心を引き出すことができると主張されている。

　そこで、宋は「言語より他人の考えと気持ちを読み取れ、言語で自分の考えと気持ちを表現できる。その上、ほぼ正確に読み取れ、ほぼ正確に表現することができる」という夏の言葉を引用し、国語の学習目標として設定した[22]。国語学力の低下を改善する方法については、①生徒が国語に対する興味を伸ばすことと、②生徒の覚悟と自発的な努力を引き出すことを提案した。これも夏の国語教育に関する主張とほぼ一致する。

　このように、『中学生』を舞台とした論争は第56号まで続いた。中高生が国語学力の低下を認めなかったのは、文言ではなく、新聞や雑誌、および小説が読めるような白話の読み書き能力こそ、「国語」の力であるという新文学を擁護する認識が広まっていたためである。一方、進歩的な教師たちは生徒の古典嫌いという学習実態をふまえ、彼らの学習意欲の向上と理解力・文章力の向上をめざそうという姿勢を示した。

　これらの教師が指摘したように、生徒の古文と漢詩に関する読み書き能力の低下や、典例と故実の知識の欠如が大学入試テストによって如実に反映されたため、この意味での国語学力は低下しているといえる。他方、生徒の白話文を書く力が伸びたという報告も見受けられる。つまり、どのような力を国語の学力として捉えるかによって、国語学力低下問題に対する結論も変わってくる。したがって、国語学力を明確にしたうえで、その国語学力を育むためにはどうしたらよいのかを考える必要がある。

　こうして、当時の国語学力低下論争において、①生徒が備えるべき国語学力とは何か、その判断基準とは何か、②そのための教材をどう選択すればいいのか、③その国語学力を育むためにはどうしたらいいのか、という三つの論点が課題として浮かび上がった。次章では、これらの論点をめぐって、夏の見解に即して彼がどのように考え、対処したのかを見ていく。

1) 陳必詳『中国現代国語教育発展史』雲南教育出版社，1987 年，248 頁。
2) 匿名「巻頭言」『中学生』創刊号，1930 年。
3) 中国では初級中学校の生徒を「初中生」（日本の中学生にあたる），高級中学校の生徒を「高中生」（日本の高校生にあたる）と呼ぶ。つまり，雑誌『中学生』の読者対象は，日本でいう中学生と高校生の両方ということになる。
4) 陳必祥編『中国現代語文教育発展史』云南教育出版社，1987 年，56 頁。
5) 夏丏尊「受教育與受教材（教育を受けることと教材を受けること）」『中学生』第 4 号，1930 年，1-6 頁。
6) 同上論文，3 頁。
7) 同上論文，4 頁。
8) 尤墨君「中学生国語の前途における悲観」『中学生』第 20 号，1931 年，25-31 頁。
9) 匿名「巻頭言」『中学生』第 29 号，1932 年。
10) 経界とは土地の境をいう。これを画定する法は経界法といい，中国の南宋代に農民の土地に対する税役負担の均衡をはかった制度である。
11) 鄭谷心「Column⑧試験の源流とされる科挙とはどのようなものですか？」西岡加名恵ほか編『新しい教育評価入門』有斐閣，2015 年，217-218 頁参照。
12) 匿名「巻頭言」『中学生』第 43 号，1934 年。
13) 汪懋祖「禁習文言と強制読経」『時代公論』第 110 号，1934 年，56-61 頁。
14) 匿名「巻頭言」『中学生』第 43 号，1934 年。
15) 匿名「巻頭言」『中学生』第 49 号，1934 年。
16) 呉潜英『中学生』第 51 号，1935 年，257-259 頁。
17) 1933 年春，上海高校卒業試験のテーマは「礼儀廉恥国之四維論」，そこで「優れている」と評されている回答の文章は，形式だけあって中身がないと指摘されている。（尤墨君『中学生』第 49 号，1934 年）
18) 王克譲「私たちは何をもって書くの？」『中学生』第 51 号，1935 年，259-265 頁。
19) 1949 年北京師範大学に改称。
20) 立斎「中高生の国文について話そう」『中学生』第 57 号，1935 年，180-182 頁。
21) 宋畦「中高生対於国文科的粗忽及其補救」『中学生』第 51 号，1935 年，266-269 頁。
22) 同上。

第8章

夏丏尊による国語教育方法に関する提案

　1930年代は国共内戦，満州事変，日中戦争，そして第二次世界大戦と一連の戦争と混乱の真っただ中であった。こうした変化の激しい国際情勢のなかで，生徒の国語学習に対する興味・関心の低さがますます目立つようになり，それが「中学校の国語教員の失敗」といったように，大学教員から厳しい批判を受けた[1]。それに対して，何人かの中学校国語教師が反論した[2]。彼らは，生活さえも困難な状況にあるにもかかわらず，いくつかの学級の白話と文言の指導が任されていた。そのうえに，指導の目標は明らかではなく，古い教材を使った注入式の授業によって生徒の国語学力が伸び悩むという問題に日々直面していた。他方，『中学生』においては，夏はすでにこれらの問題に対する改善策を打ち出していた。本章では，夏がどのような国語学力向上の提案をしてきたのかを検討する。

第1節　中高生が備えるべき国語学力とは

　1931年1月に，夏は「国語の学習に関して」という論文において，生徒が備えるべき国語学力とは何かを提示することを試みた[3]。そこで，国語教育の目標や学習法を論じる前にまず，中等教育段階を卒業する際に生徒が備えるべき国語学力の水準をあらかじめ定めなければならないと主張した。

　「中等教育段階を卒業する者は知的中間層であり，常識が一定の水準に達すべきである。言い換えると，一定程度の国語学力を備えれば，進学した場合はそれぞれの専門分野においてさらに追究しやすく，就職する場合は実際の生活に対応することもでき，自分で補習する際の方法も得やすいのである」[4]と夏は述べている。ここでいう常識は社会において認められている基礎・基本的な知識を指していると捉えられる。さらに，具体的な水準について，自ら中等教育における国語教員の経験をふまえ，自分の理想となる生徒の姿を次のように

描いた[5]。

　第1は，読み書きについてである。「生徒は言語により他人の考えと気持ちを読み取れ，言語で自分の考えと気持ちを表現できる。しかも，ほぼ正確に読み取れ，ほぼ正確に表現することができる」と夏は述べている。ここでの読み書きは白話の読み書きを指しており，「読み取れ，表現できる」と「ほぼ正確に読み取れ，表現できる」という2段階からなる評価基準を提起している。たんに読み書きができれば満足するのではなく，それに対する理解の正しさも要求しているように読み取れる。

　第2は，自国における一般的な言語事項，伝統文化および古典に関する学力像である。「生徒が中国人であれば，中国の文化と思想の大概がわかる。中国語の一般熟語と修辞の分類を知っている。わからないときは，参考書を利用して自分で検索し，調べることができる。彼らは古文で作文することができないかもしれない。だが，一般的な古典書籍を読むことはできる。彼らは詩や賦，詞などの詩歌，小説や脚本を書けないかもしれない。だが，詩・賦・詞などの詩歌とは何か，小説・脚本とは何かを知っており，それらを鑑賞することができる。生徒は古今の典籍をたくさん読めない。だが，一般典籍の名称と構成，性格と作者および概要を知っている」[6]と夏は述べている。当時の古文で書くことを求める「復古主義」に対して，古典教育を「読む」領域のみに位置づけるのが夏の主張であった。一方で，自国のアイデンティティを成立させるためには，たとえ古文が書けなくても古文に関する文学的素養と読む力・鑑賞力の基礎・基本を備えてほしいという夏の思いもうかがえる。

　第3は，世界における一般的な言語知識・文学・時事に関する理解である。夏曰く，「生徒はまた世界の人間であり，20世紀の人間である。彼らは外国の原本を直接に読めず，世界の情勢を知り尽くすことができないかもしれない。しかし，普段の心がけにより，古今東西における一般的な出来事を知ることができる」[7]。そこで，「ジュピター（Jupiter），アポロ（Apollo），バイロン（Byron）などの言葉の出所がわかることや，『三位一体』『第三インターナショナル』の意味を知っていること」[8]などが例として挙げられている。さらに，喬治・伯納・蕭（ジョージ・バーナード・ショー）というノーベル文学賞を受賞した作家の名前を，中国古代の管楽器の簫（ショー）と間違えた中学校国語教師がいた，な

どの実話を例示することで，その時代に合った国際的な文学の教養を身につける必要性を説いた。当時，外的圧力により，西洋文化が近代中国に浸透しつつあった。その状況下において，夏も日本への留学を通して自らの見聞を広めるようになった。先述したように，境遇と時代を背景にした教育が重要であると捉えた夏は，20世紀からの教育は国際的な教養が重要な位置を占めるだろうという先駆的な観点を打ち出したのである。

最後に，夏は結論として，このような国語学力の水準は一般人にとっては高いとされるかもしれないが，そうは思わないと主張した。つまり，中等教育の卒業生は当時の中国社会の知的中間層にあたるために，あえてめざす学力水準を高めに設定するという発想であった。このような考えから出発し，夏は当時の学力低下問題を事実として受け止め，あらためて国語学力を規定しようと試みたのである。また，そのような考えを『中学生』などの雑誌を通して，新しい社会を担う知的中間層をめざしている子どもたちへ発信し続けていった。

第2節　教材編成の基準と方法

1930年代において，教材選択の範囲は「課程標準」によってある程度定まっていた。たとえば，1929年に教育当局によって公布された『中学課程暫行標準』においては，中高生が卒業するために最低限必要とする国語科の条件が下記のように規定されている[9]。

(甲) 高校の国語科卒業最低限：
(1) 6種の名著を精読し，鑑賞したことがある。
(2) 12種類の名著を略読し，大体鑑賞することができる。
(3) 中国の学術思想，文学の変遷，文字の構造，文法と習字について簡潔かつ概略的な常識をもつ。
(4) 口語文および平易な文言文を自由に使い，記述文や論説文，および情意を表現する文章を書くことができる。
(5) 最小限の辞書や百科事典を自由に使うことができる。
(6) 文言の書籍を検索し，使うことが大体できる。

(乙) 中学校国語科卒業最低限
  (1) 選文を精読したことがあり，100編以上の文章を読みこなしている。
  (2) 12種類の名著を略読し，その大意をわかって，主な部分を暗記することができる。
  (3) 一般名著の種類と名称，図書館と辞書や百科事典の使用方法が大体わかり，それらを自由に閲覧・参考することができる。
  (4) 平易な文学作品を鑑賞することができる。
  (5) 白話文をもって筋の通った文章を作ることができ，かつ文法上の間違いがない。
  (6) 平易な文言文を読むことができる。

　以上のような規定について，1931年の時点では，夏は自分の構想とは大差がないと，課程標準を一種の学習目標として捉えてもよいと述べた[10]。そしてどのようにこの目標に到達することができるかについて，読むことと書くことの二つの分野から見解を述べた。とりわけ，読むことについて教材・学習材選択の方法を論じている。それは，授業で「何を，どのように読むか」と，学習に対する生徒の理解を「深めるために何を読むか」に分けられ，具体的には，以下のとおりである。

　まず，授業で「何を読むか」という問題を提起する。これは，教師たちが悩まされる教材編成の問題であり，論点の一つめにも対応すると考えられる。夏は国語教育界の風雲児であった胡適の『最低限の国学書目』と梁啓超の『国学入門書要目』にも言及した。しかしながら，「国学」と「国語」とは違うと強調し，それらが中高生のために挙げた教材・学習材の参考目録にはなっていないと主張した。実際のところ，胡と梁の国学目録論争が夏の中等教育における教材編成の考案に大きな示唆を与えたことは見落せない。

　そもそも1920年代から30年代にかけて教育改革が急激に推進されるなか，中高生用の標準的な読本がなかったことに問題の萌芽があった。各学校の国語科の教育課程における大半の読み物は，教師が指定した各種文章と課外自習のための副読本であった。この事情について夏は現職の教師としてよく知っていた。そして夏はこれまでの教材編成における議論をふまえ，学習者の立場から

教材選択の方法を提案した。

　それは，生徒が教師に半年間あるいは1年間の読む本のリストを選定するように要求することであった[11]。そうした一定期間において合計で何編の文章を読んだらよいのか。選択の基準は，ジャンルとして，思想，文芸，常識や雑学，実用的な内容など，文章スタイルとして，叙述文，論文，伝記や小説，劇や詩，手紙や小品文[12]などが挙げられた。それぞれの分類における文章を何編読めばよいかについて教師が指定する仕方であった。そして，本当は生徒が要求する前に教師がこれらの教材を編成することが望ましいという。

　次に，授業で「どのように読むか」についてである。文章が決まったら，学習範囲を限定せず，さまざまな側面から学習を展開すべきであると主張した。授業の流れとして，まず，選定した文章自体の基礎・基本的な知識を理解したうえで，その文章が関連した知識内容についてさまざまな探究活動を行う。たとえば，教師が陶淵明の『桃花源記』を教授すれば，生徒の学習事項として以下の八つがあると考えられると述べる[13]。

① 新しい漢字と言葉の意味を知ること。
② 本文の趣旨とそれぞれの文と節の意味を知ること。
③ これまで習った文法の知識で説明ができない語句があれば，自分なりの解釈を求めなければならないこと。
④ 本文に基づいて記述文の書き方を吟味・探究すること。
⑤ 本文により晋代文の風格の一斑をみること。
⑥ 作者・陶潜（淵明）の略歴や，作者のほかの伝記や詩文について知るようになること（この機会に『陶集』を読んでみるのがいい）。
⑦ この機会にユートピア思想を理解すること。
⑧ 作者の思想の時代背景を探ること。

　このように，一つの文章を読むことによってさまざまな関連した知識・理解を獲得することがめざされた。前述した10段階教授法よりも，このときに夏がイメージした学習指導の流れは国語の固有的な内容にいっそう結びつくこととなった。また，国語としての知識・理解が孤立したものではなく，その拠り

所を調べてさらに関連する社会学や哲学の分野に広げていく。このような自主的・探究的な学習法は、当時における暗記中心的な国語教授法とは対照的であった。さらに、現代においてもかなり先駆的な国語の授業といえよう。

さらに、授業に対する理解を深めるために、中高生の読書の範囲について、夏は次の三つを提示した。①授業中の本文と関連した書籍である。たとえば、『桃花源記』を読んだために『陶集』を読みたくなることと、司馬談の『論六系要旨』を読んだのをきっかけに、『論語』『老子』『韓非子』『墨子』を読んでみたいということが例として挙げられている。②中国人なら知るべき古代から現代の名作である。たとえば、「四書」、「四史」、「五経」、著名な唐代の詩、宋代の詞、元代の曲、古今における著名な小説などがある。③世界中で常識であると認めた宗教、神話、文芸の名作である。たとえば、キリスト教の『旧約聖書』『新約聖書』、ギリシャの神話、各国の近代を代表する文芸の名作が挙げられている。これらは、夏が構想した中高生が備えるべき国語学力としての三つの側面ともほぼ対応している。

つまり、国語教材の編成においても、読む授業においても、生徒の言語知識と理解、文化伝達と異文化理解の力を育成することが重要である。胡・梁がイメージした国学書目と比べると、夏の推奨した国語科における文章選択システムはより広範にわたる。自国の常識にとどまらず、世界の常識も視野に入れようとする「人格教育」論の要素が織り込まれている。このような目標論はしばしば学校の教師によって引用される。このことが示しているとおり、夏の主張は近代中国における国語学力論の代表的なものになったといえよう。

第3節　国語学力の判断基準

1934年に、夏は「国語科における学力検定」と題した論文において、再び『中学課程暫行標準』に言及した。今度は、『中学課程暫行標準』のなかで使われた「名著六種」や「名著十二種」などについて、「大体できる」や「平易」などの文言が大雑把で意味不明であると批判した[14]。つまり、国語科における学力規準の曖昧さが問題視されたのである。その背景には、国語学力低下論争が進むにつれ、教師からは負担を減らし、生徒からは自らの国語学力の水準を把握し、

自発的に改善していくという要求があったことが挙げられる。また，夏とともに通信学校を開設したり，国語科教科書を編纂したり，『中学生』の編集を務めたりする葉からの影響も無視できない。

葉は，最初に自分が起草した『中学校国語課程綱要』を，国語学力を判断する基準の一つとして考えた。そのため，中学校の教材選択について，教育部が発表した教育課程の基準を参考にするよう推奨した。加えて，基準をそのまま鵜呑みにして教材を選ぶのではなく，基準を批判的に読むことによって自主的に教材を選択・編成することを強調した。1929年以降，『課程標準』が何回か改訂され，国民党の思想統制がますます強まるなかで，葉は教科選択制の廃止を批判し，カリキュラムにおける形式化の問題や口頭作文の軽視を指摘したりして，生徒の社会・文化的生活の要求に応じた国語教材の自主編成をさらに強調するようになった。

その影響を受け，夏も同じように新しい課程標準に対して批判的な意見を述べるようになった。まず，「国語科における学力検定」を書く目的は，中高生が卒業する際に自ら自分の国語科能力の水準がどれくらいあるかを検査するときに，普遍的な参考となる基準を提供することであると，夏は述べている。中高生は自分の学力に対して最も公正なる評価者であり，最も妥当なる検定者でもあるというように説明した。続けて，(1)文章作成，(2)読解，(3)語彙，(4)その他という四つの側面から具体例を挙げながら，次のように自己検定の方法を提案している[15]。

(1)文章作成においては，学校での国語学力を評定する作文とは異なり，自己検定する方法として，古典から現代文へ，あるいは英文から漢文へと翻訳することと，他人の文章を添削・批評することが推奨されている。翻訳のメリットは，より忠実に訳そうとすると，一語一句まで原文と照らし合わせるうちに，自分の言語能力とその不足を知ることができる。それに対し，他人の文章を添削・批評する際には，良い所と悪い所の両方について理由を言わなければならないので，自分の本当の文章力があらわになる。また自分で判断しにくい場合，先生や家族，あるいは仲のいい友だちと共同批評するとよいとされている。

(2)読解については，読みにおける理解力を検査する最も簡単な基準をキーワードの標記と段落分けとし，次に常識をテストすればいいと夏は述べる。夏

は「普通文章における内容は常識にすぎない」と分析した。中高生は偏った専門用語を知らなくても，常用語を知らなければならないとする。さらに，最近の大学と専門学校の入試問題における常識テストの項目を挙げ，そのテスト項目を使って自己検査すればよいとする。とくに，能力が不足していると感じた場合は，自己救済を行い，その方法は多く人に尋ねることと，多く辞書を引くことであると述べる。

(3)語彙については，理解と活用の二つの側面から分析した。語彙の理解は読むときに役立つという。たとえば，漢字の「観」にはどれくらいの解釈ができるのか。他の漢字と組み合わせると，どのぐらいのパターンがあるのか。辞書を引くのもいいが，友だちとクイズ形式で数を競争してもよいと提案している。一方，語彙の活用は文章を書く際に役立つ。たとえば，「笑」を使うときに，場面によって何種類の「笑」になるか，「笑」の程度によって，どのぐらいの擬音語があるかを知っているかと問いかけ，語彙が豊かな人ほどさまざまな場面で活用できると説明している。そこで，いくつかの意味で使える言葉を挙げて自己検定し，不足するとすぐ補充していくという方法も紹介している。

(4)その他については，夏は実社会に重視される言語・書類の形式の面に着目し，①書道・習字の練習，②書式（例：手紙，公文書の体裁など）の習得，③誤字，誤読の自己チェックという三つの方面から分析した。

このように，夏は国語学力低下論争の最中に，生徒たちに自ら自分の国語学力を判断，把握するための基準・方法を提供しようと試みたのである。それは，進学者だけではなく，すべての卒業生のために役立てたいからだと述べている。1934年にすべての生徒に古典を学ぶ機会を保障しようというスローガンで文言教育を推進した汪懋祖らに対して，これはある種の反論にもなっただろう。

さらに，中高生の雑誌への投稿を通して，大きく揺れ動く当時の社会において多くの生徒が抱える中途退学への不安と悩みを，夏は知っていた。そこで，彼は「自学」と「自己教育」を提唱し，学ぶことと教育を受けることを「生涯の事業」として説いた[16]。その主張には，国語学力を検定すること自体が目的ではなく，生徒が自己評価を通して，自ら学び，自ら考え，生涯にわたって自律的な学習者として成長してほしいという夏の教育的意図がうかがえる。さらに，そうした自律した人間の育成は，変化の激しい社会を生き抜くためだけではな

く，自立的・民主的な社会へ中国が生まれ変わろうという希望を夏は捨ててい
なかったためにめざされたといえよう[17]。

第4節　夏による国語学力の改善策

　当時の国語教育のなかで，とくに重要視されたのが文章力であった。これは
中高生の国語学力が低下しているかどうかを決定するポイントでもあった。一
部の国語教師が生徒の国語授業に対する意欲の低下や古典教養の欠如を国語教
育の危機として考えたのに対して，夏はそれを危機ではなく，新しい白話の文
学を推進する好機として捉えた。そこで，夏が注目したのは，中桐確太郎と同
じ母校[18]で日本の近代文学の先駆者である坪内逍遥に師事した五十嵐力（1874-
1947）であった。

　五十嵐は日本の国文学者として著名な人物である。彼が著した『作文三十三
講』や『新文章講話』は刊行以来版を重ね，多くの国語教育関係者や実践者に
作文指導理論と方法上の示唆を与えた。また，五十嵐は，修辞学の系統を整理
したにもかかわらず，「知識」や「形式」よりも，「表現意欲」や「真の自我を語
ること」を重んじることを基本的な姿勢とした。その姿勢から，夏は「真実」
や「自我を語ること」という作文教育のヒントを得ている。

　既述したように，1926年に夏の講義をまとめて出版された『文章作法』のな
かの，「記事文」「叙事文」「説明文」「議論文」の各章が五十嵐による西洋文章
形態分類法の整理を手本にしたものであることと，もう一つの章「小品文」が，
水野葉舟（1883-1947）の『小品文練習法』から焼き直したものであることが，鳥
谷の先行研究によって明らかになっている[19]。ところが，夏が五十嵐から受け
継いだものはそれだけではなかったのである。次に，夏の文章指導論と五十嵐
のそれの比較検討を行う。

（1）文章の着想・構想論

　1931年，夏は書くことについて，次のように語る。「文を作るというのは，
ある意味で，お母さんが子どもを生むようなものである。私たちのお腹にはた
くさんの思想や感想がいる。しかし，思想や感想が未熟の状態であれば，それ

は胎児の発育が未熟であるように，強いて生まれても不完全で，生命力がないものになってしまうのである」[20]。これは，五十嵐が『作文三十三講』の「序講　文を作るは文を産むなり」で述べた「文章家が書こうと思う事柄——文章の種となる思想——を考え浮かべるのは，丁度お母さんのお腹に赤ん坊の宿るようなものでありましょう」[21] という考えと一致する。

　しかしながら，夏は五十嵐の話をそのまま借用するのではなく，中国の文脈に即して主旨や強調点を変えたりしている。たとえば，五十嵐の「真面目な文章家にとってその一つ一つの作は実に自分の血を分けた生みの子で」[22] あるという作家の心情を表す比喩を次のような昔話にアレンジした。「昔々，机に向かうがどうしても文章が書けない秀才がいた。その姿を見て，秀才の妻が『あなたが文章を書くときは，私が子どもを産む姿より苦しいのではないか』とあざ笑った。それを聞いて，秀才は『母親よりも，自分の空っぽで何もないお腹から文章を産むほうが当然苦しいものだ！』と嘆いた」[23]。当時，生徒にとっては身近な知識人である秀才の物語を通して，書き手として自分のなかで思想や感情などの題材をもつことの大切さが喚起される記述であったことだろう。

　また，思想や感情があっても，そのまま文章になるわけではなく，文章を書く目的に応じて，実用的な文と趣味的な文の区別を意識して書く必要があると述べる。とくに，実用的ではないが，五感で感じたもの，心の動きを表現せずにはいられないような欲望がある場合，これは「一切の芸術の根源であり，重視しなければならない」と夏が強調し，学校における作文の授業は「青年にこのような欲望を満足させ，発達させるために設けたのである」という[24]。そこで，「まず書きたい意見と欲求があり，それらが文章として書かれ，最後に題目を付け加える」[25] のが自然の流れだと主張する。

　これに対して，五十嵐の文章観を見てみると，1912年に，五十嵐が雑誌『文章世界』に投稿した原稿においては，「書くべきことがあって書いた文章が，書かねばならぬという要求が，内心の切なる要求があって書いた文章が，真実の文章である。其処には，よしんば表現の術のうえに，即ち芸のうえにたとえ拙劣な点があったとしても，活溌々地活用している生きた生命がある」[26] と述べられている。指導法として，『作文三十三講』において，「第一　彼ら自身の心から湧き出でた題材に就いて書かせたい」と挙げている。つまり，夏は五十

嵐の「有りがまま」で「生命のある」文章観を受け止め，当時の実用文重視の風潮に対抗し，人間の発達および芸術の発達のために作文教育を学校教育に位置づけたのである。

しかしながら，命題という教授法については，両者には相違点も見られる。五十嵐には，「題を設けるのが必ずしも悪いものではありませんけれども，余程注意して子供の興味を引きそうなのを選ばないと，さらに効能の無いものとなる恐れがあります。題詠が盛んになって和歌の道が衰へたと同じ事で，題を設ける作文教授は大抵の場合，文を殺す結果になるだろう」[27]という主張があった。明治期の型にはまった作文指導への反省と，自然主義の文壇の影響もあり，大正自由教育の流れも受けて，「随意選題」[28]による作文教育が当時の日本における主流となった。そのため，題を設ける作文教授法に対しては，五十嵐はやや消極的に捉え，命題に潜む児童生徒の興味関心を抹殺する可能性を危惧した。

一方，夏は『中学生』へ投稿した生徒の授業中における作文を書けない悩みを知り，あえて学校の授業における命題作文のメリットを積極的に紹介した。すなわち，命題は，①題材を捉える方法，②関係する材料を素早く収集する力，③さまざまな文体をまんべんなく作文できる力を養うという三つのメリットを有するのであるという[29]。授業中に課された作文課題を，夏は爆竹に火をつける状態にたとえ，「教師が告げた命題が導火線として，火薬をもつ生徒に火をつけることによって火薬が爆発し，溜まったものを放出する愉快さが感じられる。それに対して，普段の留意や収集の工夫を怠けた生徒は火薬がないため，爆発のできない空の爆竹のように，火がつくが，線だけが燃えるようにしぶしぶごまかすように書いてしまうのだ」[30]と分析している。夏は，中国の子どもたちが春節や慶事の際によく爆竹を鳴らす経験に結びつけ，普段の心がけと材料収集の重要性を強調したのである。

最後に，夏は次のようにまとめた。「文章の題目は教師の命題にせよ，自分の気づきによるものにせよ，あくまでも種であり，私たちはこの種を大事に培養し，発達させなければならない。または経験から肥料を吸収し，書籍のなかから日光を浴び，友達との会話のなかで水分を汲み取り，随時に種の完成に関心をもたなければならない。［中略］題目に対して，客観的には確実で豊富な

知識をもつ一方で，主観的には自らの見解と感想をもたなければならない。これらの知識や見解や感想を一つのものにして，結びつけ合うことができれば，『何を書くのか』の『何』を解決することができるのである」[31]。

これは，五十嵐の「書くべき材料を豊富に所有させる」[32]という作文の「振興策」を採ったものであった。つまり，文章力を向上させるためにはまず「種」となる着想を大事に扱い，そこから構想を豊かにしていく工夫が必要であるということである。

(2) 方法論に関する提案

次に，「どのように書くのか」について，夏は，明瞭性と妥当性という二つの基準を提案している。そこで，文章作成の目的は自分の考えと気持ちを他人に伝達することにあると提起し，他人が自らの文章から自分の真意を読み取ることができなければ，また読み取っても誤解をしてしまった場合，それは作者の失敗であることを説明した。そこで，他人にわかりやすいためには「明瞭であること」がよいとし，他人に誤解されないように「妥当であること」が必要であるとする。

まず，明瞭性について，①文法上の明瞭性と②内容意味上の明瞭性という二つの側面から求めるべきだと提起した。①文法上の明瞭性については，いわゆる「通」(筋が通っていること) である。それを達成するためには，第一に，文の構造と文と文の間の接続と呼応の関係に注意しなければならない。そこで文の構造は文法に合わないと意味が不明になる。節と節の接続と呼応が不完全である場合，それぞれの節を独立して捉えると意味がわかる一方で，節をつなぐと文意が不明確になる。それを説明するために，下記の例を挙げた。

> 発展这些文化的氏族，当然不可指定就是一個民族的成績，既不可説都是華族的創造，也不可説其他民族毫不知進歩[33]。
> (訳) これらの文化を発展させる氏族を，当然一つの民族の成果に限定することも不可であり，すべてを華族の創造と言いようもないし，その他の民族がまったく進歩知らずともいえないだろう。

これは「某書局」(正中書局)によって出版された中学校教科書『本国歴史』のなかの文章である。夏は，最初の「氏族」と次の「成績(成果)」とが呼応していない点や，「不可説」の「可」が間違っている点を指摘した。また，節と節の接合に関しては，『読書運動特刊』のなかでの「読書会宣言」から文章を引用して間違いがどこにあるかと質問を投げかけた。そして，中学生になったら初年度から簡単な文法を一度勉強し，レトリックと文章の構成法に関する基礎・基本的な知識を得ることを勧めた。万が一教師が授業において教えなくても自分で課外において学習すべきであると提案した。ここでは，『中学生』創刊の趣旨，すなわち，生徒の課外学習を手助けする方法・手段という位置づけがよく反映されている。
　②内容意味上の明瞭性について，一つの言葉に二つ以上の解釈が可能となる場合は，思うままの意味が適切に伝わらないため，たとえ形式上は完全であっても，明瞭とは言えないという。具体的に，下記の例が挙げられている。

　　無美学的知識的人，怎能作細密的絵画的批評呢？[34)]
　　(訳)美学の知識をもたない人は，細密な絵画の批評ができないだろう。

　この例において，「細密な絵画」の批評なのか，細密な「絵画の批評」なのか，確定することができないため，これは意味内容が曖昧である典型例であると述べる。ほかにも用語が不適切な例も挙げられている。つまり，夏は「適切な言葉遣い」をきわめて重視している。そのために言葉を多く知り，言葉に対して敏感になるように，多くの類義語のなかで，それぞれの使用範囲，意味の強弱と程度を見分ける方法を推奨した。いわゆる，「語感」の育成が重要になる。
　消極的な方法としては，自分が意味を明確に把握していない言葉を使用しないことである。すなわち，疑わしい言葉については，辞書を引いてチェックし，その言葉を，本当の意味がわかったと確信した場合のみ使用する。そうしないと，いずれ自分が意味を理解していないことが露見することになるという。つまり，形式的・部分的な文章作成について，夏はこうした明瞭性の基準を打ち出したのである。
　続いて，妥当性について，それは全体かつ態度上における基準であると夏は

主張した。とくに妥当性について考える際に、①読者の属性、②作者と読者の関係、③文章作成の動機などを考える必要があると強調する。夏によれば、「五十嵐の趣旨に従って書いた『作者が有すべき態度』」では、「よい文章とは、すなわち作者の意に達し情を表し、それを読んだ読者に作者の真意が伝わり、作者の心を感じさせる文章」であり、「真実ではっきり明らか」な文章である[35]。

ここでは、よい文章とは読者に伝わりやすい文章であり、読者の心情を考慮し、飽きさせずに興味や趣をもってもらうようなものとしてもう一度強調する。さらに、「日本文章学者五十嵐力氏には『六W説』がある」と述べ、その「六W説」を次のように紹介している[36]。

　一、何故にこの文章を書くか（Why）
　二、何事を書くか（What）
　三、何人がこの文章を書くか（Who）
　四、何処にて書くか（Where）
　五、何時書くか（When）
　六、如何に書くか（How）

そこで、「何故に、何人が誰に対し、何時、何処にて、どのように言うかまた言うべきか」とまとめられており、いわゆる、妥当性をもつ文章は、この六つの問題に答えられる文章に収斂させるという。五十嵐によれば、「文章を作る者」のために、つねに「必ず注意すべき事」が六つあり、「其の各々に何の字が付くから、仮りに之れを名づけて『六何』といふのである」[37]と。夏はそれを中国語に訳す際に、元となる英語の単語の各々に「W」が付くから、転じて「六W説」として紹介したのである。この説は、もともと西洋の修辞学における記述内容のチェック項目（5W1H）に由来するが、五十嵐がそれを書き手の意識として文章の構想論に位置づけた点を、夏は尊重し、評価したのだと考えられる。

なお、このような「文章の法則」に従うことを、夏は「書道の横画と縦画が書けるようになった」ことにたとえ、「あくまでも第一歩にすぎない」とし、「真の文章の学習は、まず人をなすことから着手しなければならない」と強調した[38]。「『文は人の如し』。文字はある種の人格の表現である。冷静で鋭い文字は、

落ち着きのない性格の人がまねできないように，緻密な文章を書くためには，細かい性格の持ち主でないとうまくいかない。自らの知識・情感と意志を培うのではなく，文章から文章を学ぶことばかりを考えるのは一般の青年の誤った認識である。文章の法則を習得したあとに，文章上において浅い工夫をするのではなく，いったん作文から離れ，多く読んで，多く体験し，自分の修養に励んでほしい」[39)]と述べている。このように，最終的に，夏は作文の方法論を人間形成という究極の教育目的と結びつけたのである。

　一方，『新文章講話』の「文章精神論」を取り上げてみると，「価値ある思想，偉大なる見識，赤誠の熱晴，之を兼ね有することは，偉大なる人格に待たねばならぬ。文章も其の極致に於いては，道念人格の修養を離れ得べきものではない」[40)]と五十嵐は述べている。また，第8編「文章の品位および結論」において，「……万事の帰趨は人格の一語である。不朽の盛事経国の大業の類詞にあたるは偉大なる人格より出でたる偉大なる思想でなければならぬ」[41)]と本文を結んでいる。つまり，「人格形成」を土台にした五十嵐の文章観は，人間教育を提唱する夏の教育観と根本的に一致しており，そこから出発して構成された文章教授論は，夏を代表する近代中国の国語教育者が求めるような実生活と関連し，人間の調和と発達をめざすような国語教育方法論であった。

　以上，本章は，1930年代の中国における国語力の問題をめぐる議論や背景をふまえつつ，夏の国語学力論・評価論およびその国語学力を身につけるための方法論の具体像に迫った。動乱の時代に急激に展開される新文化のなかで，自立した国民を育てるための国語教育の再建と国語学力形成の方法を探ることが急務となった。日本を経由して近代的な教育思想を吸収した夏には，人間を背景にした教育理念をベースにして，国語の学力像とその評価の水準を明確にしようとする努力と，実生活と人間そのものの描写を重視する日本の作文教授学を吸収し，紹介する試みがあった。文章は「真実で明らか」でなければならない。これは，夏が浙江第一師範学校の時期から実践してきた作文教育の理念であり，教育当局に弾圧されても，国語学力の低下が叫ばれる時代においても，この理念を固持して実践を貫いた。

　加えて，夏は，①生徒の備えるべき国語力を三つの側面から定義しただけではなく，生徒の自己評価の基準や方法を提供した点，②教材選択の種類・手順

だけではなく，読みに関する指導法を開発した点，③作文の着想・構想と文章の技術だけではなく，人間形成を重視した文章力の向上策を提案した点において高く評価されるべきであろう。

　他方，当時の中学生の進学率がきわめて低いという社会現状のなかでは，教育の普及と識字率向上のための平民教育運動が盛んになっていた。春暉中学校から立達学園までの十数年の歳月のなかで，その状況をふまえた国語教育の改善を自らの使命として，国語の学力像と方法論を提唱した夏であった。これらの理論を実践上においてどのように応用したのか，またそれによりどのような課題がもたらされたのかを検討する必要性がある。この点について，次章では，夏が葉と共に行った国語教科書づくりの実践，および生徒の悩みを解決するために構成した教育小説に表した実践の諸相を検討することで明らかになる。

1) 王治心「大学教育の振り返り（大学教学的回顧）」『天風週刊』第6巻第6号，1934年，7-9頁。
2) 馮成麟「中学生の読むことの問題（中学生国文閲読的問題）」『師大月刊』第5号，1932年，46-51頁。胡尹民「中学生国文程度低落問題」『天風週刊』第6巻第11号，1938年，4-5頁。
3) 夏丏尊「関於国文的学習（国語の学習に関して）」『中学生』第11号，1931年，23-47頁。
4) 同上論文，25頁。
5) 同上論文，26-27頁。
6) 同上。
7) 同上論文，27頁。
8) 同上論文，29頁。
9) 課程教材研究所編『20世紀中国中小学語文課程標準教学大綱匯編-語文巻』人民教育出版社，2001年。
10) 夏，前掲論文，25頁。
11) 同上論文，27-28頁。
12) 小品文とは，日常生活で目にふれた事柄をスケッチふうに描写したり，折々の感想をまとめたりした，気のきいた短い文章。中国で，主として万暦年間（明代中期）以降の袁宏道ら文人の手になる随筆・評論・紀行文の総称であり，1930年頃から林語堂や周作人ら知識人によって再評価され，そのスタイルに倣った作品は小品散文と呼ばれ中国文壇に流行した。
13) 夏，前掲論文，28-29頁。
14) 夏丏尊「国語科における学力検定（国文的学力検験）」『中学生』第46号，1934年，6-19頁。
15) 同上。
16) 夏丏尊「『自学』与『自己教育』」『中学生』第71号，1937年，64-73頁。

17) 1948年，夏丏尊が肺病に患って，息を引き取る前に，病院に駆けつけた葉に残した最後の言葉は，「勝利！ 一体，誰の勝利なの？ どこから切り出したらいい…」である。（葉聖陶「夏丏尊先生」『日報』1948年5月1日）
18) 東京専門学校，1902年早稲田大学と改称。
19) 鳥谷まゆみ「白馬湖派小品文と春暉中学の作文教育―夏丏尊主編『文章作法』にみる1920年初頭の小品文を中心に―」『野草』第88号，2011年，35-58頁。鳥谷まゆみ『周作人と日中文化史』2013年5月，124-136頁。
20) 夏，前掲「関於国文的学習」41頁。
21) 五十嵐力「序講」『作文三十三講』早稲田大学出版部，1913年，2-4頁。
22) 同上論文，6頁。
23) 夏，前掲「関於国文的学習」38頁。
24) 同上論文，29-30頁。
25) 同上論文，40頁。
26) 五十嵐力「真実の文章」『文章世界』薫風号（第7巻7号），1912年，1-3頁。
27) 五十嵐，前掲『作文三十三講』19-22頁。
28) 鄭谷心「大正期の随意選題論に関する一考察」『関西教育学会年報』第35号，2011年，21-25頁参照。
29) 夏，前掲「関於国文的学習」42頁。
30) 同上。
31) 同上。
32) 五十嵐力「第十三講　作文教授の振興策」前掲『作文三十三講』203-205頁。
33) 夏，前掲「関於国文的学習」43頁。
34) 同上論文，45頁。
35) 夏丏尊「作者が有すべき態度」『文章作法』開明書店，1926年，189-193頁。
36) 五十嵐，前掲『作文三十三講』46-47頁。
37) 五十嵐力『新文章講話』早稲田大学出版部，1916年，30-33頁。
38) 夏，前掲「関於国文的学習」46-47頁。
39) 同上論文，47頁。
40) 五十嵐，前掲『新文章講話』531-536頁。
41) 同上書，672頁。

第9章
中高生のための教材開発と授業づくり

　1930年代から繰り広げられた中高生の学力低下問題に対して，夏らは雑誌などにおいて，白話文教育に関する理論レベルの検討を行ってきた。それだけではなく，実践レベルの対策も打ち出している。その実態は，夏らによって編纂された国語教科書と教育小説の中身に表れている。本章では，夏と葉が手を組んで作成した複数の教材や副読本から，中等教育に対応する代表的な事例を検討する。これにより，夏と葉の理論と実践が一体化するとともに，白話文教育はどうあるべきなのか，その指導と評価の実態とは何か，読書ノートをどう指導すればよいかなど，具体的な授業のあり方が明らかになる。

第1節　国語教科書づくり──『開明国語講義』

　1930年代において，中学生のための教材・学習材の不足という深刻な状況を打開するために，夏は中学生向けの雑誌を創刊しただけではなく，開明函授学校という通信教育・夜間学校を創立した。そこで，10年以上の同僚であった葉を招聘し，グループで教材を開発したり，当校において国語の授業を行ったりした。両者によって編纂された教材の代表作として，『開明国語講義（開明国文講義）』が1934年に出版された。さらに，1936年から1938年にかけて，『国語百八課（国文百八课）』という国語教科書も両者によって編纂され，出版されるようになった。

　既述のように，1920年の白話運動の成果として，白話教科書が推進されながらも，梁啓超を代表として古典教育を重視する教師がまだ数多く存在した。よって，世間で最も流通していた中等教育に使用される教科書は正中書局によって出版されたもので，その内容のほとんどは文言文であり，白話文はわずか数篇であった。それに対して，夏らが編纂した『国語百八課』と『開明国語講義』においては白話文と文言文の割合は3対2で，白話文の数が当時として

は最も多い教科書の編成となっている。つまり、それらは近代の中等教育における国語教科書の先駆けになったものといえる。

『国語百八課』については、すでに先行研究によって検討されている。そこでは、夏らは国語教科書において、教材文と文章法の解説を照らし合わせて構造化することによって、これまでの国語教育に見られなかった科学性を与えたと評価されている[1]。しかしながら、『開明国語講義』についての先行研究は管見の限り見当たらない。おそらく、それは通信学校用の教材として使われたことにより教科書検定を受けなかったためであろう（現代日本の教科書検定制度と似ている）。しかしながら、通信学校の国語教育であってこそ、社会に最も必要な国語知識と内容が盛り込まれているとも考えられる。ここでは、『開明国語講義』を事例として取り上げ、夏らの中等教育にあたる国語教科書づくりの特徴を検討する。

まず、一つめはまとまりのある系統性にある。それは、本文、「文話」［作文についての話］、文法や修辞、練習問題という4項目からなるサイクルを1単元として見なす点に表れている。『開明国語講義』の第1巻を例とすれば、本文は先に2編挙げられ、それらに関する作者紹介やエピソード・名詞解釈が本文とセットになっている。「文話」は本文に関連づけられている。また、4編の教材文に1編の文法や修辞における知識と応用例が紹介されており、最後に練習問題が一つから二つ程度出されている。これらの教材内容を項目別にまとめると、次の表9-1のようになる。

表9-1を見ると、夏らは社会人にとっても役立つような国語を「文話」という文章スタイルとそれぞれの表現に関する知識、文法に関する知識、およびそれらを応用する練習問題という三つのカテゴリーに分類したことがわかる。それだけではなく、当時の言語事項や文章法に関する研究成果を系統立てて教科書に取り入れている。とくに、「文話」という項目に示す文章スタイルはかつてないほど多種多様である。つまり、小学校教科書における児童生活を中心にした同心円的拡大法とは異なり、生徒の抽象的な思考が発達するにつれて、学問・法則として組織された言語事項・文章学の知識体系を中心に据えた国語カリキュラムの編成となっている。

一方、二つめの特徴としては、カリキュラム編成における系統性を追求する

表 9-1 『開明国語講義』(第 1 巻)の項目別系統表

本文	白話文：33 編	文言文：19 編
「文話」 (合計 18 話)	記述文，叙述文，記述文と叙述文の混合，描写，擬人法，解説文，議論文，四文体の混合，叙述文の主人公とその場面，景色・情景の描写，叙情，詩と詞，論争，小説，短いエッセイ，叙事詩，勧誘と風刺，寓言	
文法 ①＝白話 ②＝文言 合計 18 項 (修辞は第2巻から始まる)	①品詞の識別→連語→文の種類と構造→品詞・代名詞の文における位置→諸格の変式 ②特性のある文言代名詞→動詞の自動と他動，完全と不完全→不完全動詞の補足語； ①②主要動詞と副動詞→自動と他動→助動詞→形容詞の性質・種類およびその用途→形容詞の比較法→数字に関して→副詞の用途とその種類→副詞の位置→副詞と助詞の呼応→介詞と名詞の関係	
練習問題	文法・修辞の後に出される知識・理解・応用題	文話をふまえた理解・技能・応用上の作文題

出典：夏丏尊等編『開明国語講義』第 1 巻，開明書店，1934 年をもとに筆者作成。

ばかりではなく，教材文における文芸的な面白さと明快さを保ちつつ，その内容をできるだけ中学生の生活・心理に寄り添うように工夫したことが挙げられる。このことについて，先に挙げた，本文，「文話」，文法や修辞，練習問題という単元構成の 4 項目を順番に検討しよう。

　まず本文の選別を見ると，白話文と文言文の割合は 33 対 19 であり，社会における白話文と文字改革の成果を伴うものである。白話文としては，とりわけ編集者自身や，同年代の文学家や学者による作品が多い。また，本文の内容として，教育目的に応じて『西遊記』のような白話小説や『小さな雨滴』[2]というような当時の児童文学における代表的な童話から 1 節を選んだり，胡の詩『私の息子』[3]をめぐって論争した手紙を取り上げたりしている。夏と葉が新文化を担う国語運動を継承する立場を表している。

　次に，「文話」とは，「平易で正しく，生き生きとした話し言葉」で「文章の作成と鑑賞」に関する知識や体験を語る単元のコラムである[4]。たとえば，第 1 巻の最初の教材文は，近代作家・孫福熙が書いた『私の船室（我的艙房）』と唐の文学者・韓愈の『画記』である。本文に続く「文話」では，「記述文というのは，自分の目で見た物事を，それらを見ていない人々に伝えるための手段であり，話すことと同じように実際の必要から生まれたものである」[5]と述べている。「しかし，一目でわかることを言葉や文字で説明すると，難しくなるため，

伝える方法を選ばなければならないのである」[6]

　そこで,『私の船室』と『画記』を記述文の代表例として分析する。とりわけ『画記』について,絵に描かれたたくさんのものについて作者が一つ一つ丁寧に叙述していることが賞賛に値すると評価している。しかしながら,それらのものの位置関係や色にまったく言及していないのは欠陥であると指摘している。「文話」のおわりに,記述文の場合,自分の目でものや人物を観察・確認したまま全体から部分へ記述すればよいと結論づけている。このように具体的な事例によって記述文の意味や批判的読みの方法を生徒に示しているのである。この例だけではなく,ほかの「文話」においても生活や実際の必要から生み出されたさまざまなスタイルの文章が扱われ,さらにそれらの文章の作成や読みに関する種々別々なテクニックがわかりやすく述べられている。

　三つめの文法・修辞に関しては,夏らは「理解と応用を重視し,機械的な専門用語と細かすぎて伝わらない分析を避ける」[7]といった主旨を強調し,たくさんの例を通して理解させる方法を採っている。しかし,文法や修辞そのものはどうしても無味乾燥な部分を備えている。この点を克服するために,学習サイクルの最後において,「文の構成の視点から,省略した部分を見つけよう」といったゲーム感覚で取り組める文章の構成に関する練習問題を設定している。

　四つめの練習問題は,「生徒が自分の知識や理解を試したり,自らの思考力を発展させたりするために用意されており,本文への理解を深めることだけではなく,生徒の独創的な発見が得られるように期待される」[8]と述べられている。たとえば,前述した記述文に関する「文話」の練習題目は,「自分でテーマを決めて,一つのものや人物,あるいは多数のものや人物について1編の記述文を作成しましょう。書く対象をちゃんと自分の目で観察・確認した順に書きましょう」などの課題[9]が設定されている。一見,簡単なように見えるが,学習者が自ら本文や「文話」の内容を理解し,吟味しないとなかなかできない高度な応用問題である。また,文法・修辞の練習問題も含め,これらの問題は生徒の自律的・自主的な学習慣を育てるために出されているため,その評価は教師よりもむしろ学習者自身に任せたほうがよいとされている。これは『中学生』を創刊して以来,夏らがもつ「自己教育」ができる自律的な学習者を育成

しようという目的意識に由来すると考えられる。

以上のように，夏らは受講生に社会生活に応じた国語学力をつけさせるために，文字・文法・作文法のような国語における系統性をカリキュラムに明確に位置づけることに努力してきた。また，そのような系統的学習に探究的かつ自主的な活動を織り込むことをめざした。そこには，夏らが国語教育に寄与した理論レベルではなく，実践レベルで国語教育において長く議論されてきた中学生国語学力低下問題を解決したいという思いがあった。夏と葉はともに，「国語」という教科における曖昧さを克服することをめざし，まず「国語」を専門領域として内容化・系統化するよう試みた。

第2節　教育小説に表れた作文指導と学習評価

1930年代の中学生国語学力低下問題の対策として，夏らが実践したもう一つの試みは教育小説の創作であった。1930年代初頭，『中学生』の雑誌に寄せられた読者投稿文には，誤字が多かったことや作文は200字か300字しか書けないが日記は1000字以上書けたこと，国語をどうやって勉強するのかがわからないこと，作文の成績はいつも不合格であることなど，中学生が自分の国語力を心配する文章が数多かった。このような国語教育の問題を解決する糸口を示すために，葉が夏に相談し，二人による教育小説の合作を決めた。

それらの教育小説は，『文心』という題名がつけられ（題名の由来に諸説あり），1933年『中学生』に連載され始めた。1934年に完結すると，開明書店によって単行本として発行された。字数は合計17万字であり，32のストーリーからなっている。内容は，主として1931年秋から1934年夏までに，中学校に通う楽華君と大文君2人の学校・家庭・地域における学習生活であり，彼らの読み書きの成長過程が丁寧に描かれ，またクラスメート同士の恋に関するリアルな描写もあり，当時大ヒットする人気作となった。さらに，その序文においては，「本書は3分の2を完成したとき，（夏）丏尊と（葉）聖陶は義理の親戚となった。すると，彼らはこの本を（葉の）息子と（夏の）娘の（結婚）お祝いにすることに決めた。……この序文も子どもたちの婚約記念として捧げよう」[10]と，2人の親友である朱自清からお祝いの言葉が記されている。

本書は，そのような記念すべき意義をもつとともに，本人による実践記録が残されていない夏らの学習像と授業像を具体的に浮かび上がらせる貴重な資料でもある。本節では，これまで検討されていなかった『文心』における授業と学習の場面を取り上げて，国語・作文教育論を具体化した実践とそこに反映された教育方法の意義を検討する。

（1）作文の授業・学習過程

　まず，「第1章　急に大人と昔の人になった」から実践例として第1回の作文授業の場面を挙げよう。

　授業の初めに，国語教師である王先生は「私たちは，どのような状況において，作文をしますか？」と確認する。生徒の回答には，「友達にメッセージを送ろうとするとき，手紙を書くことは作文です」「自分の意見を公衆に知らせるために，文章に変換すれば，一人ひとりに教えるよりは便利です」「自分が植えたバラが咲いているとき，うれしくて『花咲くバラ』という題目で文章を書きました」などが挙げられている[11]。これらの回答から，「作文とは何か」というテーマの検討に導き，最終的に「作文はどうでもよい文字のトリックではなく，食べることや話すことと同じように，生活のなかでの1項目」であるという結論が生徒たちのなかから導き出されている。そして王先生が付け加えた「そのとおり，作文は生活の飾り付けではなく，生活そのもの」[12]であるという名言が残されている。

　次に王先生は，これまでの学校における定期作文の練習を「どうしようもない方法」と言い，新たな説明をした。すなわち，「書きたいものが『内容』と呼ばれ，内容をわかりやすく示すものが『題目』と呼ばれます。この順番で行くと，必ず書きたいものが先にあって，次に題目が出ます。これまでの作文練習のときのように，題目を出してから内容を考えるのは本末転倒ではないでしょうか……ここでは，できるだけ書く範囲を決めて，そのなかで書きたいものがあれば，どんな内容を書いてもかまいません。私の流儀としては，できるだけみなさんなら言えること，書けることを推測して，実際の必要に応じた作文の範囲を提示するようにします」[13]と述べている。

　そこで，王先生は「新秋の景色」「母校の先生への手紙」という書く範囲を黒

板に書いた。このなかから書きたいほうを選択し，もちろん両方書きたかったら両方書いてもよいといった。その後，一つめのテーマについて，「みなさん，あとで題目を付けてもよいので，まずお話しをしましょう。暑い夏を過ごして，ようやく涼しい秋を迎えたね。『これは秋だ』と実感させる何かがあったか」と質問し，「あった！夏には朝しか咲かない朝顔の花が最近，午前10時まだ元気に咲いている。天気が涼しくなったからだ」と生徒の1人が答えた。二つめのテーマについて，「小学校において6年間一緒に過ごした先生に手紙を送るなら，どんなことを伝えたいか」という質問から，生徒の感情を動かし，書く意欲を引き出した。おわりに，生徒たちに自ら書いた作文を，必ず自分で何度も読んで訂正したうえで，翌週提出するよう指示した。

　つまり，作文は実際の必要から生まれたものであり，日常の生活の一部分として取り組めばよいとされたのである。重要なポイントは，「内容」は「題目」より先にあるため，教師は生徒とともに生活を過ごしているうちに，生徒たちの様子をよく観察し，彼ら一人ひとりの生活や実態に合わせて書く範囲と課題を提示するのが大切と強調されている点である。その上，生徒は自分で書きたい課題を選んで書くこと，自己批正のような方法を取ることも大切である。さらに，生徒がいきなりはじめる作文に対して不慣れや戸惑いを多くもっているという問題意識から出発し，まず発問や自由検討という指導法によって生徒に作文に対する意欲をもたせようとする意図があったと考えられる。

(2) 評価の実態

　放課後，楽華は大文に，新秋の景色の作文は自分で書いて先生に提出し，母校の先生への手紙のほうは大文と一緒に書いて父親の目を通してから小学校の李先生に送ろうと提案した。そして楽華の家で2人は合流し，まず互いの原稿を批評し合った。その後，文づくりと段落の順序を相談しながら，楽華が1文ずつ記録した。小学校から友達ないし学級のクラスメート全員と一緒に共同作文をする経験があったことから，合作を楽しんでいる2人であると説明されている。そこででき上がった手紙の内容は，中学校の先生のこと，授業と自習の感想，クラスメートのこと，学校の環境と設備の変化のこと，といった四つの側面からなっている。

2人はこの手紙を楽華の父親の枚叔[14]に見せると,「一つ訂正しないといけない誤りがあった」と指摘された。それは,「しかし」という接続詞の誤用である。「作文は話すことと同じように,意味の接続と転じるところは最も留意すべき場所だ。一つの単語を間違えても,それはその一文だけの間違いにすぎない。だが,接続と転じるところを間違えば,一段落ないし全体の意味に混乱を生じる」という。2人がこの点について少し検討するのを待ってから,「それで,もう一つの問題は情感の表現の不足だ。李先生とは仲がよかっただろう。けれども,この文章は情感を表す言葉が少ないので,上すべりだ」と枚叔が厳しく指摘した。2人はそれを聞いてがっかりし,「手紙を李先生に送るかどうか」について迷い始め,結局,枚叔に励まされて書き直すことにした。

　枚叔の意見は,国語教育の専門家による評価と考えてよいだろう。当時,実用文が重要視されるなか,国語教育において接続詞の使用と情感の表現はしばしば軽視された。そのため,夏らは枚叔を通してこのことを説明していると考えられる。また,この学習場面から,夏と葉の作文に関するもう一つの重要な考え方が窺える。それは,前節において検討した学力評価のなかで,仲間や熟達した経験者による評価の具体像である。自分の思考や感情だけを叙述したい作文の場合もあれば,仲間との共同作業を通じて特定の対象に伝えようとする場合もある。「手紙を書く」というテーマは昔から社会的・実用的な用途で私塾の学びの一つとなった。しかし,それは個人別々でしか習得させなかったものである。このように相互批評による共同作文はこれまでの教授・学習方法とはまったく次元が異なる。なぜなら,「道理からいうと,2人の合作は1人よりずっとよいものに違いない」[15]と言われたとおり,多人数で書く場合,単なる書く力ではなく,協同する精神および自分の考えを合理的に伝える力,またお互いの考え方を理解し,判断・批評する力も要求されるからである。こうして,児童生徒は人間とのコミュニケーションの楽しさを味わいながら,社会性を身につけていくのである。これは,まさしく学校が小さい社会[16]になりうる方法として,夏と葉が国語教育に導入させようとしているのである。

(3) 読書ノートの授業と評価

　「読書ノート」は夏が浙江第一師範学校の時期から活用してきた学習法であ

る。10段階教授法の批正段階に織り込まれていることで，夏らがいかにそれを重視していたかが読み取れる。『文心』の第25章によると，中学校2学年から，国語担任の王先生は作文授業の前半を生徒たちに読書ノートを試作させることにあてた。つまり，診断的評価を行ったのである。そこで，回収した生徒たちの試作の「読書ノート」には，要領を得ないことばかり書いてあったため，この作文の授業を図書室で行うことにしたと述べている。

まず，古典の「読書ノート」の種類を説明したあとに，図書室に所蔵した「読書ノート」の書籍を生徒たちに配り，印をつけた文だけを読ませる。その文例は次のようである[17]。

原文：古以一句为一言。《左氏传》："太叔九言"（定四年）《论语》：
"以一言以蔽之，曰：思无邪"秦汉以来，乃有句称。今以一字为一言，如五言六言七言诗之类，非也。
訳文：古代は「一言」を一文と見なしている。たとえば，『左氏伝』にある「太叔が話した九言（1213年）」と，『論語』から「詩の篇の数は三百ある。これを一言でまとめると，「思い邪（よこしま）なし」というほかない」という例がある。秦漢時代以来，このように一文は「一言」で呼ばれてきた。しかし，いま五言・六言・七言詩のように「一言」が一字として理解されている。これは誤りである。
（宋・王応麟『困学記聞』）

このような「読書ノート」の文例をいくつか生徒たちに読ませたあと，王先生は生徒たちが感想を交流し，質疑応答できるように次の「討論会」を開いた。

> 恵修：「昔の『読書ノート』は今日はじめて読んだら，こういう厳密なことが書けるかと感心しました。前回，自分の読んだ本とはまったく無関係なことを書きました。私たちが読んだ本はまだ少ないので，こういうようなレベルが高いことを書くのにふさわしくありませんか」
> 王先生：「前人の書いた『読書ノート』の厳密さを知ったことは，よいことです。しかし，自分が書くことがふさわしくないと思う必要もありません。みなさんには読書を適当に済まさないように，『読書ノート』をつけてもらったのです。必要なときに読んだこと，見たことを自由に書け

るようになるためです。気を落とさずに本を細かく吟味して読むことが大切です」

振宇：「どのような材料に書く価値がありますか？　もっと詳しく知りたいです」

王先生：「『読書ノート』の取材は，小さい着眼点と広範囲の収集，どっちでもかまいません。小さい着眼点とすると，先の『一言』という単語の意味について書くことがあります。一方，暦代の詩人の作品を網羅して論述することは，広範囲の研究になります。これは古人から学んだ『読書ノート』のノウハウです。諸君は平日の読書をするとき，柔らかいと感じる文章と勇気づけの文章を読んだことがありましたね。どのようにしたら文章が柔らかくなるか，どのようにしたら勇気づけの文章ができるのでしょうか？　もしこういうような課題に関心があれば，そうした文例を集めて，いくつかの文章の法則を発見すれば，最高の『読書ノート』になります。また，本のなかの内容に対して疑問に思うとき，それについて生活のなかから証拠を探して検証したら，ノートとして書くべきです。このように『読書ノート』の材料はどこにでもあるので，好きなことを選ぶとよいのです」

復初：「なるほど。着手の方向がわかりました。しかし，私たちの見識には限界があるので，書いたものはほかの人がすでに述べたことかもしれませんが」

王先生：「構いません。剽窃でさえなければ，他人が述べたかどうかは関係ありません。本来，『読書ノート』は，将来の参考や運用に備え，自分の読書の心得と研究結果を記録するためのものであり，他人に見せるものではありません。一方，優れたもので，古来，出版されたノートもたくさんあります。諸君はまだ中学生です。筆記することは学習の一つに過ぎません。数学のなかの公式や定理も，早い場合，数千年前すでにわかっていたことでしょう」

大文：「要するに，『読書ノート』は読書にあたって一種の思考・判断をすることであり，論述文を書くような構えをしたらよいということですか？」

王先生：「そのとおりです。論述文は例証することが一般的です。先の筆記では，二つ以上の例を根拠として挙げられていますね。読んだ内容をそのまま写して，よいか悪いかしか書かないことは，何の意味もないでしょう」「『読書ノート』と普通の論述文と異なったところを言えば，理由，例証，論断以外の余計な言葉を書かないことです。できるだけ簡潔かつ素朴に書きましょう」[18]

　以上の討論会から，「読書ノート」について次の三つの特徴がまとめられる。
　第1は，「読書ノート」の役割についてである。当時の課程標準の『綱要』に照合すると，「読書ノート」は作文の四つの項目下における「不定期作文・記録」の練習に属する。これは文字・言語・文法の自由研究を含むため，「定期文法討論」の土台を築くためのものにもなる。本を読んで浅い感想を書くのではなく，そこで見つけた課題について確かな証拠を挙げて追究していくことが基本的な要求である。これは作文のために必要な材料を備えるだけでなく，児童生徒の高次な思考力・判断力を鍛えようとするものである。つまり，この「読書ノート」は，生徒の思考と個性を自由に発展させるという教育目標の保障につながり，「動的教育」に通じる教育方法でもあると考えられる。
　第2に，内容と方法が一体化している。読書活動は，他人の間接経験をそのまま吸収するのではなく，自分の思考や判断のもとでさまざまな間接経験から本質的な原理や法則を導き出すことが求められている。「読書ノート」は，内容上では中国の古典の「読書ノート」のように読んだものについて吟味し，記録や感想を書くようなものであり，方法上では五四運動以来，学校現場で生み出された問題解決を中心にした学習法であることが明らかである。
　第3は，評価規準が明瞭であるという点である。「討論会」から，「読書ノート」には少なくとも次のような四つの評価規準を抽出できる。すなわち，①「自らが本のなかから発見した課題」であれば，他人と重複してもよいこと，②自らの「理由，例証，論断の言葉」を書き，一つの論断に対して「二つ以上の例を根拠として挙げ」ること，③一定の「厳密さ」をもつこと，④「簡潔かつ素朴に」書くことである。この事例が示すように，夏らは，このような読書討論会を通じて教師と生徒たちとともに評価規準を明らかにする協働作業を，生徒の論理

的な思考を促し，文章力を向上させる有力な方法として推奨したのである。

第3節　「総合的な学習」への示唆──「触発」の方法論

　夏と葉の教育小説で，頻繁に出現する言葉は「触発」であった。先に結論をいうと，「触発」は「教科」と「総合的な学習」を往還させる有効的な学習方法論であるといえる。まず，この「触発」にかかわる先行研究には，陳郁の研究がある。陳は，『文心』における「触発」とは，ある物事に感じて悟ったことから別の物事を知ることであり，場合によって「知識→知識」「知識→生活」「生活→知識」「生活→生活」に「触発」されるといった異なる意味があると述べている[19]。しかし，それぞれの場合の「触発」が具体的にどのような意味や特質をもっているのか，陳の研究においては明らかにされていない。また，「触発」という方法論を通して一体どのような力を生徒に身につけてほしいのかという分析視角は欠けている。そのため，知識と生活の関係論が論じられるにとどまり，『文心』で示された「触発」の特質を解明することに課題をかかえていた。

　また，「触発」からは，胡が「文学の方法」として，『建設的な文学革命論』において提起した「想像力」の意味も読み取れる。すなわち，「既知のことから未知のこと，経験したことから未経験のこと，観察可能のものから観察不可能のものを推測する」[20]という意味を含んでいる。

　そこで，本節では，これらの意味にふれつつ，教授・学習過程における「触発」の特質を，具体的な理論と事例を通して明らかにする。

(1)「触発」の意味と分類

　「触発」は本来，①物にふれて，発動・発射したり爆発したりすること，②なんらかの刺激を与えて，行動の意欲を起こさせること[21]を意味する。この日常生活における意味合いにおいては，中国語と日本語は同じである。しかしながら，『文心』の第13章には，次のように書かれている。

　　読書には新しい収穫が大切であり，作文には新味があることが大切である。
　　そこで最も重要なのは『触発』の技量である。『触発』とは，一つの事から

類推して多くの事に感じて悟ることである。読書のときにある言葉にふれ，それが平日に読んだほかの文章の内容に関連があるように感じた場合は，『触発』である。自分の生活に重ね合わせた部分を発見し，裏づけられたと感じた場合も，『触発』である。また，使おうとするある理論の説明になるような事例を発見することも，『触発』である。以上は読書の場合である。いままでに経験している物事に対して別の意味を発見することも『触発』であって，これは作文のよい材料になる[22]。

　つまり，読書にせよ，作文にせよ，学習から新味を出すために用いられるのが，「触発」の方法である。先行研究では，陳郁が「触発」について次のように分析を行っている[23]。「触発」には物事の間のつながりを感じて悟ることといった2要素があり，それぞれの要素は知識，生活として捉えられる。「何を学ぶか」という問いに対して「知識が知識に『触発』される」ことを挙げ，「どのように学ぶか」に対して「知識が生活に『触発』される」ことがあるとする。また，「何のために学ぶか」というような問題を解決するために「生活が知識に『触発』される」「生活が生活に『触発』される」というように，「触発」の対象を知識と生活の関係において分析を行った。

　しかし，この分析では，「触発」の方法論としての最も重要な目標論が看過されていることが指摘できる。つまり，「裏づけられた」「使おうとするある理論」「作文のよい材料になる」といった言葉は，明らかに感じて悟る意味にとどまらず，感じて悟ったことをさまざまな生活場面において生かすことができるという教育目標を暗示している。また，夏らが提起した「触発」の意味には類推の方法と共通する部分がある。それだけではなく，「自分の生活に重ね合わせた部分を発見し，裏づけられた」こと（＝例証），「使おうとするある理論の説明になるような事例を発見すること」（＝説明），「いままでに経験している物事に対して別の意味を発見すること」（＝解釈）などの思考のプロセスと方略も含まれているだろう。

　では，具体的にどのような授業像がイメージされているのか。まず，『文心』における具体的な事例を，生活と知識という関係軸ではなく，教科と生活，教科内，教科間の三つの場合に分けて検討する[24]。この分け方にすると，「触発」

の事例は『文心』から最も抽出しやすいからである。また、教科と生活の場合をさらに詳しく分けると、生活から国語科への「触発」と、国語科から生活への「触発」の二つの場合に分けられる。以上の分け方で、『文心』の各章における「触発」の事例を分類すると、次の表9-2になる。

　たとえば、第2節においては「第一章　急に大人と昔の人になった」のなかで示された作文の授業と学習過程の事例を検討した。この事例を、生活から国語科への「触発」の典型例（①ア）として捉えることもできる。つまり、作文はさまざまな生活場面における情報伝達、文化伝承、感情表現、ストレス解消などの役割を担えるため、私たちは作文を書くことによってよりよい生活を送ることが確認されている。こうして、生活場面から作文の練習へという流れをたどれば、文章を書く必然性が明確になるのである。

　また、「第二章　漢字」[25]は、国語科から生活への「触発」の事例にあたると考えられる。まず、その日の授業において、文言用語と白話用語の区別についての自由討論が行われる。両者についての最も重要な区別は関係代名詞や関係副詞の漢字の違いである。また、漢字には語尾の変化がないため、その文における位置によって性質が変化するものが多いということが授業のなかで確認された。続いて放課後、主人公の子どもたちが家の帰り道に店の看板、町や道路の名前を見て、漢字や語の使い方の変化について感じて悟ったことを話し合うシーンが描かれた。ここでは、授業のなかで学んできた漢字の性質変化の意味を本当に理解し、それを自分の文づくりに生かすために、自分の生活環境に興味・関心をもち、注意深く観察することが大切であると示唆されている。

　こうして、教科学習を通じて生活に対する関心・意欲が高まり、また生活を通して教科学習が深まることが「触発」の効果であるといえる。この場合の「触発」は、応用がキーワードとなる。これは、生活と切り離された訓練のみを重視する従来の陶冶の仕方とは異なって、実生活と社会につなげるような具体的・個別的な国語科の知識・技能の獲得をめざす実質陶冶のことを意味する。

(2) 教科内における「触発」

　『文心』には、次のような教師による言葉が書かれている。「お前たちは、いずれ大人になるだろう。いまのうちに思考力、想像力を一定のレベルに伸ばさ

表9-2 『文心』の各章における「触発」の類型

注：① 教科と生活の場合
　　　ア．生活から国語科への「触発」(8例)
　　　イ．国語科から生活への「触発」(8例)
　② 教科内における「触発」(8例)
　③ 他教科と国語科との「触発」(3例)

章構成	章で描かれている触発の種類
第一章　急に大人と昔の人になった	①ア
第二章　漢字	①イ
第三章　題目と内容	①ア，②
第四章　一通の手紙	①イ
第五章　小さな本棚	－
第六章　知と情意	－
第七章　日記	－
第八章　詩	①イ
第九章　文章病院	①ア
第十章　印象	①ア
第十一章　言葉に対する認識	－
第十二章　台本	②
第十三章　触発	①ア，①イ
第十四章　読み声	①イ
第十五章　昔の本を読むときの騒動	－
第十六章　現代の習字	－
第十七章　語彙と語感	②
第十八章　万事順調	③
第十九章　「文字のない本を読みたい」	－
第二十章　小説と叙述文	①
第二十一章　語調	①ア，②
第二十二章　二つの詞が歌われるメロディ	①イ，③
第二十三章　白話詩	①ア
第二十四章　推敲	－
第二十五章　読書ノート	－
第二十六章　修辞の講演	①イ，②
第二十七章　文章の組み立て	①ア，②
第二十八章　文学史に関して	－
第二十九章　習作，創作，応用	③
第三十章　鑑賞座談会	②
第三十一章　文章様式の研究	①イ，②
第三十二章　最後の授業	－

出典：葉聖陶・夏丏尊『文心——読み書きのストーリー』開明書店，1934年をもとに筆者訳出・作成。

ないと，将来の生活についていけなくなるよ」[26]。ここでは，将来の実社会における生活を見据えて変化の激しい社会に対応するような資質・能力の育成が教育目標として映し出されている。

たとえば，「第十七章 語彙と語感」では，10段階教授法の「生徒の講演」にあたるような事例があった[27]。杜振宇という普段目立たない生徒は，なぜ作文が上手になったのかについて述べている。「王先生によく作文に『単語表現が不適当』とコメントされるので，最近，僕の作文の工夫は主に語彙の収集と比較にある。僕は本を読むときや一人で考えるとき，一つの単語を見るたびに，すぐこの単語の関連語や類義語を連想し，頭のなかで系列を作るのである。たとえば，『学習』という単語を見ると，『練習』『研究』『討究』『調査』『努力』などの関連語を思い出す。『怒る』という単語を見ると，『憤る』『恨む』『腹をたてる』『むかつく』『うれしくない』などの類義語を思い出す。［中略］同じ系列下において，どの単語の使用範囲が一番広いか，どの単語の語気が一番強いかなどについて比べ，一つ一つの単語の特徴を調べながら明らかにする。これらの系列はすべて心のなかの語彙に編入し，単語を使おうとするときに，まず語彙の系列を考え合わせて判断し，取捨選択する。このようなことができるのはまさに『触発』の成果であるといえる」[28]。

それを聞いた王先生は，語彙を豊かにするには，杜の方法が参考になるとコメントした。また，それだけではなく，本当に使われている語彙は地域と社会階層によって異なるため，その地域やその社会階層に伝わるような語彙の使い分けをしなければならない。そして類義語のなかでは，微妙なニュアンスの相違が存在するため，それも区分しなければならないのであると説明を加えた。

ここには，①国語科における単語と語彙，語彙と語感が相互に「触発」すること，②語彙を系列化・区分化する思考のプロセスと方略さえ身につければ語感が形成されること，という二つの方法が示されているだろう。ここにおける「触発」のキーワードは連想である。すなわち，教科内における「触発」は，知識内容そのものよりも，連想，類比，判断などの精神的な働きが重視されていると考えられる。

(3) 他教科と国語科との「触発」

　『文心』において，教科の枠を越えた「触発」にあたる章は少ない。最も典型的な事例としては，他教科と国語教育とが相互に「触発」しているような事例が第18章において描かれている。それは，教科の好き嫌いは本当かという討論会である。まず，志青は，算数を教える陳先生の授業例を次のように紹介している。

　最初に，「A君は毎日，午前7時25分に家を出て学校へ行きます。ある日，1分間に50歩を歩いたら，授業が始まる7分前に教室に着きました。翌日，1分間に35歩を歩くことにしたら，今度は5分遅刻しました。A君の学校の授業は，いつ開始するのでしょうか」と，課題が出された。

　志青君は先生の指名で黒板に解答を書くことになったが，なかなか解けなかった。ヒントは，歩数の差と時間の差に注目することにある。そこで陳先生は一つの正解例を次のように開示した。「歩数の差が15歩であり，時間の差は『7分＋5分＝12分』です。言い換えると，A君の場合は，1分間に15歩少なく歩くと，12分遅れることになります。ある仮説を立てます。もし翌日にA君が授業開始の7分前に足を止めたとしたら，学校までは『12分×35歩＝420歩』残っています。この420歩は1分ごとに15歩少なく歩いたからたまったもので，授業開始の7分前までに，A君は，『420歩÷15歩＝28分』で，28分歩きました。出発時間は7時25分なので，『25分＋28分＋7分＝60分』です。つまり，A君の学校の授業開始時間は8時です」[29]

　このとき，志青君は完全には理解できていない気がしたと述べている。

　そして陳先生は次のように説明を付け加えた。「この問題の要求は，とにかく授業の始まる時間を算出することです。これは，文章の中心思想のようなものです。情報としての7時25分出発，授業開始前7分などを，作文の材料に例えることができます。ただし，中心思想と材料があっても，必ずしも文章を書けるわけではないのです。まずは，材料を選択・分類しなければなりません。それぞれの材料の関係性を見いだして，グループとして整理したほうがよいのです。そして各グループの材料をどこに，どのように使うかを自分で決めなければなりません。また，中心思想が捉えられたうえに，材料を積極的または消

極的な側面から活用することが重要です。今回の『A君が授業開始の7分前に足を止めたとしたら』という仮説は消極的な側面から材料を活用する例です」[30]

　志青君は，この話を聞いて，自分が数学の教室にいることを忘れるぐらい集中したと述べる。そこで，討論会の司会を担当する王先生は，「陳先生は文章作成の方法に精通した方で，いつも緻密な文章を書いています。算数・数学は思考力を鍛える教科で，算数・数学に関連した作文法は，とりわけ論文を書くときに応用されます」とコメントしている。ここの陳先生のモデルは，夏の作文講義を添削し，さらに『文章作法』という作文教科書を夏とともに出版した実在した人物である数学者の劉薫宇であろう。教科を超えた「触発」の活用例を生み出すためには，教師にも学問の枠を超えたさまざまな専門的な知識が求められるようになる。

　次に，この事例から，数学と国語が互いに「触発」できる点に焦点を合わせて考察する。まず，数学課題の場合，限られた情報のなかで，情報の関係を整理したうえで，いろいろな側面から足し算，引き算，掛け算，割り算に関する知識と技能を活用することが求められた。論文の場合，あるテーマについて材料を収集してから，既有知識のもとで文章構成や材料の関連づけを行い，さまざまな側面からの分析，解釈，評価などの方略を使うことになる。つまり，両者は，①最初に困難で迷いが生じるような課題があるという点，②新しい材料や情報を取り出す必要がある点，③材料や情報の関連性についての発見と，問題解決に向けた材料・情報・仮説の組み立ての方略が必要であるという点において類似しており，教科間における「触発」の方法論の特徴でもあるといえる。

　算数と作文における「触発」の例に続き，美術の授業において，絵画の「背景」の知識が小説の背景を鑑賞するときに役立つことと，構図の遠近法から文章の景色描写における遠近を感じ取った事例が挙げられている。また，英文漢訳によって国語への理解が深まった事例も中学生たちによって挙げられている。いずれの事例も知識，性質または技能としての類似点があったゆえに触発が起こりうるのである。そして教師による発問や指導が重要な役割を果たしている。

　要するに，「触発」には，教科を越える形式陶冶も反映されており，一つの知識・技能を修得したことにより，他の知識・技能をより効率的に習得できるようになるという学習の転移が含まれている。それだけではなく，新しい発見

として教科間のつながりと「触発」の成果を自ら探究していくことが求められている。こうした「触発」の方法を活用すると，分化された教科の枠を越えて，各教科ないし全生活をまたぐ新しい経験や発見が導かれることが実現可能であろう。この意味では，現代の「総合的な学習の時間」における学習法と教授法にも示唆を与えることができる。ただし，教育の統合と分化の課題においては，分化された教科としての独自の教授法と，これらの教科を総合的・統合的に捉える，実生活・実社会に役立つような知識・技能が育成できる教育方法との相違や関連について明らかにされていないため，今後は課題としてさらに研究を深める必要があるといえよう。

小さなまとめ——国語学力の規準化とその方法論の意義

　第Ⅲ部では，五四運動前後から1930年代末までの時期区分において，夏を中心にした学校づくりから雑誌づくりまでの一連の理論と実践を中心に検討した。夏の教育理論の形成においては，浙江第一師範学校の校長による人格教育の理論と日本の動的教育法，ないし日本を経由して受容した西洋発の近代倫理学と文章学の部分が大きい。それらを国語教育方法論として反転させたのは，社会変革のために国語の教育理念と方法を転換すべしという学校現場の要求が高まったからであろう。そういう社会変革の時期においてこそ，教育目標と内容が曖昧だった国語教育において，何を教えるのか，どのような力を児童生徒に身につけさせるべきかというような問題が顕在化してきた。その問題の解決策を考案し，提示したのが，夏と葉による一連の学校と教材づくりの実践であった。つまり，そうした民主と科学を求める社会変革に対応した理論と実践のなかで，国語と作文教育の内容において生活との結合が緊密化し，方法において系統性が強まり，10段階教授法・国語学力・評価論・教材選択論など，国語教育方法論としては最盛期を迎えることとなった。

　今日，「国語力の低下」が日本の中央教育審議会によって指摘されている[31]。中国においても大学生の国語能力や社会人の文章表現力の低下が問題視され，話題となっている[32]。いずれの国にせよ，国語学力低下が議論される場合，まず現代に求められる国語の力とは何かということを明確にしなければならな

い。また，その国語学力についての判断基準は外部から押しつけるものではなく，生徒の前に方法として具体化して示しておくべきである。また，教師は，読み書きの方法を使ったり示したりする際は，それらを媒介する教材を工夫し，探究が行われるよう選択する必要がある。さらに，文章構成の着想や構想などの技術を重視しながらも，それらを人格形成の一部として捉え，生徒が社会に出てからよりよい人生を送るための手助けにすぎないという認識をもたなければならない。そういう意味で，夏の国語学力論・方法論から得られる示唆は大きい。総じて，夏らによる「真実」「自分を語ること」「読書ノート」「触発」などの国語教育と作文教育方法論には，今日においても継続する教科横断的・本質的な観点が含まれ，示唆に富んでいる。

1) 林喜傑「『国文百八課』研究」『首都師範大学修士学位論文』中国知網，2004年。
2) 陳衡哲『小雨点（小さな雨の滴）』新月書店，1928年。
3) 胡適『毎週評論』1919年発表。誕生した息子に，将来親孝行を期待せずに，ただ堂々とした一人前になってほしいという願いを込めた詩である。胡の友人の汪長禄がその詩をみて批判的な手紙を送った。その後，2人が手紙上で論争を展開した。『胡適文存』第1集（亜東図書館，1921年初版）に収録される。
4) 葉聖陶・夏丏尊ほか『開明国語講義』第1巻，開明通信教育学校，1934年。
5) 同上書，7頁。
6) 同上書，8頁。
7) 同上。
8) 同上。
9) 同上書，9頁。
10) 夏丏尊・葉聖陶『文心』開明書店，1934年，5頁。
11) 同上書，14-15頁。
12) 同上書，15頁。
13) 同上書，17-18頁。
14) かつて教員であったが，その後教職を辞めて銀行の事務員になった登場人物である。
15) 夏・葉前掲書，17-18頁。
16) 「民主主義」とは共同体への参加の様式を示す概念であり，「民主主義的な教育」は，共同体の生活と作業と授業のなかで各人が個性的一役を担って協働し相互に奉仕する経験を確保することである（デューイ，J. 著・松野安男訳『民主主義と教育』上，岩波書店，1975年，93頁）。
17) 夏・葉，前掲書，192頁。
18) 同上書，195-198頁。
19) 陳郁「論『文心』対当代語文教学的啓発」『上海師範大学文献』1002-6908（2007）0420，2002年。
20) 胡適「建設的文学革命論」『新青年』第4巻第4号，1918年，12-13頁。

21) 松村明編『大辞林 (第三版)』三省堂，2006年。
22) 夏・葉，前掲書，88頁。
23) 陳郁「論『文心』対当代語文教学的啓発」上海師範大学文献 1002-6908 (2007) 0420, 2002年。
24) 陳の先行研究では，生活と知識の関係で分類されていたが，本論の分類により，「触発」にはそれ以外の内容も含まれていることが明らかになる。
25) 夏・葉，前掲書，9-15頁。当時の授業形式は，一斉授業でありながら「生徒は能動的に文章を読んだり，解釈したりして，教師は質問したり補足したりする形で生徒たちを導いていく」と描かれている。
26) 同上書，8頁。
27) 『綱要』における「定期的演説・弁論」の科目にあたる。『文心』によると，この科目は，テーマと発表する生徒をあらかじめ指定する特定講演と，その場で誰かを指名して自由に発表してもらう自由講演という2種類からなる。
28) 葉・夏ほか，前掲書，126-127頁。
29) 同上書，132頁。
30) 同上書，133頁。
31) 中央教育審議会 初等中等教育分科会 教育課程部会 国語専門部会第6回「資料4 国語教育の課題」2005年4月。
32) 許丹成「大学生語文 (中国の母国語) 能力低下問題所引発的思考」『現代語文：教学研究版』，2008年。張瑶「職場人士応用文写作能力の低下看語文教学的改革」『中国知網』，2014年。

終章
国語力の内実とその教育方法論

　近代中国における国語教育改革に尽力した人物たちに焦点を合わせて，彼らが求めている子ども像や学力像，およびそれらを実現するための国語教育方法論とカリキュラムの成立・進展のプロセスをたどってきた。本章では，そのような国語教育方法論史から，激動の時代に形成された，子どもたちに身につけさせるべき本物の国語力とは何か，それをどのように教え学んだらよいのかをまとめる。

　序章では，三つの中核となる論点を設定した。第1は，初等・中等の国語教育において必要最小限の国語学力をどのように設定すればいいのか，という点である。第2は，そのために教材編成や題材選びにおける何を重視したのか，という点である。第3は，科学的な教授法にはどのような特徴を有するのか，という内実である。これらの論点をふまえながら，すべての教科と教科外の学習の基礎となる国語力の内実とその教育方法論の一端を明らかにしたい。

第1節　本書の結論
(1) 最低限必要な国語学力をめぐって

　国語運動のなかで，一つの重要な流れは，最低限必要な国語学力とは何かを明らかにしようとした模索である。最初に大きなきっかけを作ったのは，胡・梁論争であると言うべきであろう。小学校においては，白話による児童文学の教材が定着し，文学の興味を育成する方向性が出来上がりながらも，中学校段階においてはどのような国語学力を優先して育成すべきかが争点となった。同じように人間の内面における審美的な価値に目を向け，白話文学を推進しようとした胡と梁がいた。しかし，前者は文学の研究を発展させるために，生徒の鑑賞力・想像力など高次な思考力の育成を重視する一方で，後者は，文学者ではなく，中学生にとって必要最小限とする実用文を書くような観察力や緻密な

記述力を優先する教育目標を見据えた。さらに梁は,学問の健全な発展のためにも,学習者の感情や道徳の育成を忘れていけないと警鐘を鳴らした。

それらの論点を継承し,調和させたのは葉であった。葉は,中学校国語教育における最低限必要な国語の目標と内容を,新生の中華民国政府の『綱要』において明文化・制度化した。それは,『綱要』は最低限必要な国語に関する一つの解釈であり,あくまでも参考基準という性格を提示するものでもあった。また,作文教育の理論書において,「生活の充実」と「誠」をともに求めるという目標論を確立した。それは作文における最低限必要とする基準ともいえる。

また,国家主義の台頭に対抗し,葉とともに国語教育改革論を展開した夏を取り上げた。作文の「真実」を重視する夏は,生徒の正直な態度と真理を探究する姿勢を作文の基本的な目標として捉えた。とくに,1930年代に顕著化した国語学力低下論争において,雑誌づくりを通して新たに必要最小限の国語学力の内実を規定しようとした。そこにおける国語学力というのは,自国の言語・文学を含むものだけではなく,世界の言語・文学に関する一般常識を含めるべきものでもあった。予測が難しい激動の時代であったからこそ,それは知識人だけではなく,広く一般的な社会人をも対象とした点は特筆すべきであろう。

こうして,1920年代前後から30年代末の中国では,国語力の内実を明確化しようとする模索が続いた。それは,学校現場における教材と教授法の模索と連動することで,国語教育における改革をさらに促進していった。つまり,どうして学校において母国語としての話し言葉と書き言葉を教える必要があるのか,という根本的な問いに答えるために,社会を生きていくためには最小限必要な国語学力があるということを,国語教育改革者はつねに意識して追究していくべきだということであった。

(2) 教材編成における生活と科学の観点

近代国語教育改革において,白話教科書の成立と児童文学の隆盛が重要な事象であった。周は,それまで封建的な制度と習俗に支配された文学を「非人的」と呼んで排除し,人間愛が満ちた民主主義的な世界観を打ち立てるため「人的文学」を広めようとした。また,児童の発達段階と結びついた児童文学について,文学の趣をもつと同時に,文章としては単純・明快で,バランスよく整ってい

て，考えが真実で普遍性を有すべきだと提案した。いわゆる，児童文学，およびそれを取り入れた教科書は，児童の発達上の特徴と文章の科学性の両方を考慮すべきということであった。それらの考えが胡の文学から構成される国語教科書の構想を具現化・補強するものとなった。

さらに，葉は，「文学の面白さに富んだ」もので，児童の生活環境と実態に合わせたものを取り入れるべきという教材論を打ち出した。葉が編著した小学校国語教科書を取り上げて検討することで，①「課程標準」の要求，すなわち，最低限必要な読み書きの要件を満たしていること，②社会科などの諸教科との関連性をもたせること，③児童の興味・心理を誘う文芸性を生かすこと，④児童を取り巻く生活環境と社会文化を総合的学習材として，児童に物事に学ぶ精神を培うこと，という四つの特徴が明らかとなった。日本の『赤い鳥』との比較検討を通じて，さらにその意義と課題が明らかになった。つまり，意義としては，①話し言葉と書き言葉の一致という近代的言語改革の基礎を固めたことに貢献した点と，②児童の生活に根差し素直な気持ちと考えを引き出し，それを文学における価値として評価したという点の二つが挙げられた。一方，課題としては，社会の階級格差を視野に入れることなく，作文指導を通して子どもたちが将来よりよい生活を送るためには社会の変革者としてどのように育てたらいいのか，という視点が欠落していたということを指摘した。

この課題については，まさしく葉と夏の中等教育における国語教育の実践によって，一つの乗り越える可能性を見いだすことができた。夏は作文指導において，「真実」を第一に置く姿勢をもち，生徒にとってのリアリズムを追求するような教育を行ってきた。「一師風潮」のような運動に示したとおり，そのような教授法は，文章作成の方法だけではなく，生徒の批判的な思考を育むこととなり，結果的に，社会を変革する力を育成することとなった。

そのような夏と葉が共同で開発した教科書を検討することで，次のような三つの教材づくりの工夫が見られた。第1に，カリキュラム編成における科学性・系統性を重視することである。第2に，そうした系統性を追求するばかりではなく，教材文における文芸的な趣と明瞭性を保つことである。第3に，「文話」という事例によって文章が現実生活における意義とそれに対する批判的な読みを示したり，自分でテーマを決めて作文をさせたりすることで，自律的な学習

者として深い理解を促す工夫があったことである。

　つまり，当時の初等教育段階から中等教育段階までの教材編成の内容において，生活との結合，また白話としての固有知識とスキルを系統化する傾向がみられる。ここで強調したいのは，教科書や指導書のなかで同じ「文学的な面白さ」と「論理的な思考」の言葉が使われたとしても，一人ひとりの子どもにとって，興味・関心を引くところや思考の深さには違いがあるということである。また，同じ「科学」や「系統性」という言葉があっても，児童中心か学問中心という質的な差が存在した。たとえば，初等教育段階において，葉は完全に児童中心の立場にたって，科学的な国語教材を提供しようとした。しかしながら，中学校になると，生徒の生活を考慮しながらも白話の文法という法則性と作文教育の系統性を中心に据え，国語教科書を編成したのである。なお，葉らは教師として意識していなかったかもしれないが，その「誠」や「真実」を追求し，新しい改革を敢行する姿勢は，新しい時代の変革者が誕生するのを促す効果をもっていただろう。これは，まさに近代中国の国語教育における潜在的なカリキュラムの典型例であるといえよう。

(3) 近代中国における科学的な作文教育論の内実

　1905年に科挙が廃止され以降，中国では近代化が進み，大衆の読み書きに対する要求がますます高まっていった。それに伴って，近代の教育学を取り入れようとする思潮が生まれ，ルソーの思想が日本を経由して中国へと伝わったり，デューイを代表とした新教育が広まったりする動きのなかで，それまでの儒教や仏教の宿命論に囚われていた中国人は児童の再発見，ないし人間の本能と社会の調和がとれた生き方を求めるようになった。それらの思想が中国の作文教育に与えた変化は，近代中国における科学的な作文教育論の内実として捉えることができよう。具体的には，下記の四つとして示すことができるだろう。

　第1は，作文の平民化・生活化である。新教育の影響で，作文が文人専有の活動ではなく，それ自体を「平民化」する傾向が表れたのである。デューイの「教育即生活」を作文教育に応用すると，葉の「作文，すなわち生活の一部である」という定義になった。文章における「真実」を求める夏の作文指導は，いま生きている生活のなかにおけるリアリズムに子どもたちの目を向けさせようと仕

掛けるものであった。たとえその実践が教育当局に弾圧されても，夏らはくじけることなくその実践を続けた。さらに，胡の文章教授法と教材編成に異論を唱え，記述文を中心に科学的な文章法則を提示することに力を注いだ梁であっても，命題を設置する基準として，生徒にとって生活における切実な問題でなければならないということを『作文教授法』において言及している。つまり，近代中国の作文教育は西洋教育の伝来とそれとの融合によって，かつてなかった平民化・生活化の変貌を遂げたのである。

　第2は，作文を言語生活として総合化することである。プランを立てて，統合カリキュラムとしての国語教育を行うようになったのが1920年代の国語科教育における新しい変化であった。1923年に設定された『綱要』では，「作文」という必修科目の下には，「定期作文」「不定期作文・記録」「定期文法討論」「定期演説・弁論」という四項目があった。前半の2項目はそれまで存在した作文の定期的な練習，命題作文，日記，読書ノートといったように，書くことに限定された学習として捉えられがちである。しかし，1930年代の教育小説『文心』に表れた作文教育の実態をふまえると，読書ノートを書くための教師と生徒の共同討論会も作文教育の一環として取り組まれている。つまり，読書ノートは自己との対話だけではなく，教師と生徒の間，生徒同士の間の対話に用いられるものであった。他方，「定期文法討論」は文法を比較させ，文章の通則を導くために，思考をまとめ，表現し，伝え合う活動をさす。漢文と白話文の違いについての比較検討もあった。これらはまさに，現代の日本における「言語活動の充実」や「主体的・対話的で深い学び」に当たる実例であるといえるだろう。

　他方，「定期演説・弁論」は「10段階教授法」のなかで，(7)生徒の講演，(8)弁論，(9)教師の講演という3段階の教授・学習活動に対応する関係を見いだすことができる。そうした「演説と弁論」を，葉は「思考を整理するために最も有効的な手段」として捉え，「作文の下に系統づけるべき」であると位置づけた。具体的には，生徒をあらかじめ指定して特定のテーマについて講演してもらったり，指定なしでその場で自由に発表を行ったりするなど，さまざまな表現活動の形が見られた。

　つまり，作文は書くことに限定されることなく，読むこと・話すこと・聞くこと・研究することなどさまざまな形態の学習活動と組み合わせた総合的な言

語活動として拡大すべきであるとした。そうした作文教育の総合化は生徒の思考力・判断力・表現力を育成するうえで有意義であったと考えられる。

第3は、作文に関する科学的な基準と方法の具体化である。西洋の論理学と修辞学の進展とは対照的に、中国においてはそれらの学問自体は成立していなかったために、国語教育者たちは文章学を成立させようとその方法論の研究に力を注いだ。胡は文学の魂である「情（情感・美感）」と文学の価値である「思（見地・知力・想像力）」の両方を備えなければならないことを、文章内容の充実さを判断する基準として提唱した。また、材料の収集と文章構成についての方法も提示し、そのなかで強調した「想像力」は、文学を構想するための力であり、デューイの5段階の思考法から導き出した「創造的智慧」でもあった。一方、「作文技術のルールと基準を提供しよう」とする梁は、中学生が最も多く書くべき文種を実用文に絞り、それを書くための最低限必要な条件を、「(1)言うべき話（材料の取捨選択）」、「(2)言いたいことをそのまま言うこと（客観性と主観化）」、「(3)読者に完全に伝わることができること（文字と文法のわかりやすさと論理学の修養）」という三つにまとめた。一見、両者の主張は異なっているように見える。しかし、着想・構想における材料収集から文章構成までの一連の流れはほぼ一致していた。また西洋の論理学を吸収し、強調した点においても同様である。

他方、梁の提案よりも3、4年前から、明治時代の日本から文章学の方法論を吸収していた夏は、「真実」を重視する作文指導を実践し、その影響が徐々に広まった。これらの理論を融合し、1924年に葉は、「文学の充実」を「生活の充実」に発展させ、「誠実な、自分の話」を書くという基準をもって、「情感の育成」と「思考の訓練」からなる作文の方法論と修辞学に関する新たな見解を示した。とりわけ、国語学力低下が深刻化した1930年代に、夏は、マスコミや教科書のありふれた語彙と文法の誤用を問題視し、明瞭性と妥当性という書く基準と、それぞれの基準を満たす文章構成の方法論を打ち出した。こうして、近代中国における作文教育方法論は、科学的な基準と方法の具体化とともに進歩を遂げた。

第4は、自律性と協同性をめざす作文評価のあり方である。作文に関する評価は、方法論を検討するうえで重要な視点である。とりわけ、国語・作文教育の基準と方法が明確化された以上、それに到達したかどうかを点検し、到達し

ていなかったらどのように改善すべきか，というような評価の観点が必要である。今日の指導と評価の一体化という分析視角を用いれば，当時の作文教育評価の進展が読み取れる。たとえば，夏の作文指導のなかでは，生徒の自分について書いた作文を取り上げて，そのなかで「本当に起こったことなのか」あるいは「本当にそう思ったか」というように生徒に問いかける場面があった。それは，生徒のなかで反省的な思考回路を刺激し，自分を見つめ直す契機を提供する形成的評価の仕方であった。

さらに，話すことと読むこと・書くことと連携させて表現力を育成するスタイルも取り込んで，生徒の講演，すなわち，口頭発表に対する指導と評価も盛んに行われるようになった。そこで重視されたのは，教育小説に表れた作文の指導と学習の実態に示したとおり，自ら進んで生活のなかから材料を集めたり，自ら想像を働かせて関連を見つけたりするというような自律的な学習者の育成であった。加えて，友達との共同作業を通して母校の先生への手紙を書いたり，親や教師の意見を取り入れて仲間とともに文章を練り直したりするような協同性と社会性の発達も重視された。そのため，「思考の訓練」「触発」などさまざまな学習方法が編み出されながらも，「文は人の如し」というように作文における人間形成の働きが強調された。つまり，1920年代から30年代の中国において思考と情感の働きを重視した作文教育と，それに見合った評価の方法が存在した。また，そのような指導と評価のあり方は，現代でも生かす意義を有すると評価すべきであろう。

第2節　今後の課題

今後の課題として，以下の2点を挙げておきたい。

第1は，国語力の内実を再定義することである。中国だけではなく，日本においても，国語科の学習を通して身につけるべき必要最小限の能力がつねに追求されている。とりわけ，戦後では，国語力について各改訂版学習指導要領の解説において明示されてきた。たとえば，1951年版学習指導要領では，生活経験を通して獲得されるべき「国語能力表」がその典型的な事例である。また，2004年2月，文化審議会答申「これからの時代に求められる国語力について」

では、「国語力」の中核をなす領域が「考える力 (論理的思考力)」「感じる力 (情緒力)」「想像する力 (想像力)」「表す力 (表現力)」の四つとして捉えられた。はたして、この四つの力で十分なのか。適切なのか。十数年経った今日では、人間社会の発展を見据え、新しい時代に求められる国語力の内実がどのように変化したのか。これらの問いに対して、もう一度、議論して再定義する必要があるだろう。おそらく、これはグローバル化社会において育成すべき資質・能力を念頭においた各国の教育改革における共通する課題でもあるといえよう。

一方、戦前から戦後にかけて、草の根の運動として模索された生活綴方は、子どもの生活に根差し、生き方の指導が作文教育を通して行われてきた。それらの取り組みを、同年代的に探っていくと、近代中国における国語教育改革との共通点が見えてくる。たとえば、葉の『開明本』と日本の『赤い鳥』との比較検討を通じて、子どもの生活に根差し素直な気持ちと考えを引き出し、それを文学としての作文における価値として評価したという共通点を見いだした。しかしながら、社会階級の現実を視野に入れてこなかったことが批判されることとなった。そもそも、社会階級を含めた社会認識を国語科において教えるべきか否やという議論がなければ、それをどのように教え学んだらよいのかとの答えも見えてこないのである。この論点について直接にはふれなかったが、五十嵐や夏らは自らの理論と実践をもって、文章構成の着想や構想などの技術を重視しながら、それらを人格形成の一部としか捉えられない、という立場を示した。

つまり、国語力の内実を再定義するためには、現代社会における子どもたちの生活と彼らを取り巻く環境を吟味したうえで、これまでの教育遺産 (国語科固有の文学教育・言語教育の目標と、国語科と連携して育成されるべき教科横断的な資質・能力等の両方) を統合して可視化すべきであろう。

第2は、国語教育の方法上の工夫についてである。国語科において育成すべき最低学力水準が決められたとしても、それを具現化する方法論や事例を提示しなければならない。日本では、2003年PISA調査における「読解力」低下の結果に対しては「読解力向上プログラム」を発足させたり、2007年に指摘された「国語力の低下」に対して「言語活動の充実」の方針が打ち出されたり、国語教育における問題・課題の対策を積極的に講じてきた。その結果、PISA調査

における日本の子どもたちの「読解力」がV字回復を見せたと新聞によって公表された。しかし，2015年になると，OECDによって指摘された日本の子どもたちの文章表現力の問題が目立つようになり，それを解決する具体的な方策は大学入試における自由記述式の問題の増加以外は明示されていない。

　一方，近代中国においても，国語教育のあり方や学力の問題をめぐって，しばしば論争が起こり，それに対してさまざまな方法論と対策が生まれた。また，それらの方法論や対策を実践することによって，生活化・規準化・総合化など，さまざまな国語教育における傾向や成果が生じていた。しかし，それらの傾向や成果が現代まで持続し，あるいは方法論や対策が十分に生かされてきたとは言い難い。さまざまな時代背景と社会変革の要因が作用した結果，白話文運動と国語運動から生まれた科学と生活を両立させようとした国語教授法や作文教授法が生まれた。しかし，現代では，それらを継承し，発展させたものは見当たらない。よって，国語教育の問題が起こるたびに対策を講じるのではなく，これまでの国語教育の方法論的遺産を現代の教育方法論的視点からまとめ直し，さらに実践によって検証し，随時提供することができるようにすることが今後，取り組むべき重要な課題である。

＊　　　＊　　　＊

　なお，本書の内容は，筆者がこれまで発表してきた以下五つの論考に基づいている。ただし，いずれも大幅な加筆・修正を加えている。

・「『赤い鳥』と『開明国語課本』に関する比較研究─鈴木三重吉と葉聖陶の綴り方教育理論における「生活」の観点から─」『教育方法の探究』第15号，京都大学大学院教育学研究科教育方法学講座，2012年，57-64頁。

・「葉聖陶の国語教育論に関する一考察─近代中国におけるデューイ教育理論の受容に着目して─」日本デューイ学会第57回研究大会・個人研究発表・第3会場，於新潟青陵大学，2013年9月。

・「近代中国の国語教育における『触発』の原理と方法―1930年代の教育小説を中心に―」『教育方法の探究』第16号，京都大学大学院教育学研究科教育方法学講座紀要，2013年，57-64頁。

・「胡適の国語教育改革論に関する一考察―近代中国における白話文・国語運動に焦点をあてて―」『京都大学大学院教育学研究科紀要』第60号，京都大学教育学研究科，2014年，425-437頁。

・「夏丏尊の国語教育方法論に関する一考察―1930年代の中国における国語学力の問題に焦点をあてて―」日本教育方法学会編『教育方法学研究』第40巻，2015年，63-73頁。

あとがき

　本書は，筆者が2015年7月に京都大学大学院教育学研究科に提出した博士学位論文「近代中国における国語教育改革に関する研究——白話文教育方法論史の視点から」（2015年9月博士〈教育学〉の学位取得）に大幅な加筆・修正を加えたものである。公刊に際して，『近代中国における国語教育改革—激動の時代に形成された資質・能力とは—』という書名に改めた。

　出版にあたっては，平成28年度「京都大学総長裁量経費・若手研究者出版助成事業」による助成を受けた。選考委員の先生方が，未熟である私の研究論文を世に送り出す機会を与えてくださったことに深く感謝申し上げたい。また，本書を完成させるまでに，平成26〜27年度日本学術振興会科学研究費補助金（特別研究員奨励費）および平成28年度同科学研究費助成事業（学術研究助成基金助成金・若手研究B）を受けることで，国内外の文献などを必要に応じて調査・収集することが可能となり，より充実した研究活動が実現できた。

　振り返ってみると，拙著が刊行に至るまでには，多くの方々のご支援とご協力なしでは到底，成し遂げられなかったことをあらためて実感した。言葉ではすべてを語りきれないが，以下のように記すことでお礼を申し上げたい。

　指導教員である田中耕治先生は，わがままであった私を留学生として受け入れ，それからおよそ7年の歳月をかけて研究者の道に導き，なすことによって学ぶことや学問を追究することの面白さ・大切さを教えてくださった。また，どんな悩みでも相談できる人生の師匠として，いつも笑顔で温かく見守ってくださったことに，心より感謝している。いつも思うのは，田中先生に出会えなかったら，私は教師になれたかもしないが，一人前の研究者にはなれなかっただろう。これからも「信じて疑おう」という田中先生の言葉を肝に銘じて，人生のさまざまな場面において，異なる見解を幅広くかつ柔軟に受け入れてから検証していこうという姿勢を見習いたい。本当にありがとうございました。

　同じく指導教員であった西岡加名恵先生は，いつも灯台のように，研究の迷霧に迷い込んだ私に明るい光を照らしてくださり，自分が一番進みたい方向性

がはっきりと見えてくるまで後押ししてくださった。私は、西岡先生が研究者として発揮された、先の先まで読む洞察力と、不確実なものを確実にしていく実行力に感心するばかりであった。今回の博士学位論文を指導してくださった際にも、近い将来に論文が著書になる可能性を見据えたうえでさまざまなアドバイスをいただいた。西岡先生から学んだことは数えきれないほどあるが、そのなかでもとくに大人や社会の立場だけではなく、子どもたちの立場に立って、心が活きる教育のあり方について、絶えず追究していこうとする考えを持ち続けたいと思う。

　研究室の大先輩でもあり、博士論文の副査を務めてくださった石井英真先生にも感謝を申し上げたい。博識さにより、いつも研究論文に対して鋭いコメントや本質に迫る問いを発してくださった。それはまた次のステップに進むためのきっかけになり、克服すべき課題にもなる。今はまだ完全にそれらの課題を乗り越えられていないかもしれないが、今後はさらに先生のご指摘を意識したうえで精進していきたいと思う。

　京都大学大学院の教育方法学研究室のメンバーにも深く感謝している。研究生のときから、各国の教育について何も知らなかった私に、さまざまな見方や考え方を教えてくださった先輩方、共に語り合い、共に内容を深めていった同級生の2人、日本語の訂正や研究室の仕事を分担してくださった後輩たち、誰一人でも欠けていたら、拙著は完成していなかっただろう。今さらながら、春や夏の合宿のためにセミナーハウスを一生懸命探したことや、桜の花や緑の木々に囲まれて論文を発表したり、批評しあったりしたあの時間が宝物のように思える。

　一方、中国の方々にも大変お世話になった。研究室の先輩であり、中国教育科学研究院の項純先生は関連した著書を送ってくださったり、北京や京都で交流するたびに私の研究内容について仔細に聞き、相談にのってくださったりした。海外文献調査では、江南大学人文学院院長の陳明選先生のご承諾を得て同大学資料館で雑誌『中学生』に関する文献を収集することができた。また、上海教育科学研究院の陸璟先生は多忙のなか、図書カードの貸し出しから調査の方法までサポートしてくださり、調査をスムーズに進めることができた。さらに、当初予定された大学図書館だけではなく、北京師範大学課程教学研究院院

長の王本陸先生のご紹介で，研究対象である葉聖陶が初代社長を務めた人民教育出版社と同社の専属図書館を見学・閲覧することが実現し，予想外の収穫を得ることができた。それらの文献に基づいて学術論文を執筆し，『教育方法学会紀要』に投稿したところ，査読者の先生からは，「1930年代の中国の国語教育（中国語教育）の学力論・教育方法論に関して，新しい切り口で追究したもので，研究としての独創性が高い」という評価をいただき，それから自分の研究に自信をもてるようになった。

　これまで，さまざまな学会や研究交流の場においてご指導をいただいた先生方，筆者の報告や投稿論文にさまざまなコメントをくださった日本教育方法学会，日本デューイ学会の先生方にも心より感謝している。

　現在，所属している東京学芸大学次世代教育研究推進機構の先生方と事務職の方々にも感謝したい。私が研究に専念できる素晴らしい環境を整えてくださったおかげで，本書を執筆する時間を確保できたのだと思う。本当にありがとうございました。

　そして，海と山の向こうにいながらも，いつも私が好きなことに取り組めるよう応援してくれる家族に感謝の気持ちを伝えたい。とくに，留学の資金を捻出してくれただけではなく，時には厳しく，時にはユーモアを交えて論してくれた両親にあらためて感謝したい。いつもありがとう。これまでは両親を誇りに思って生きてきたが，今度は私が誇りに思われる立場になれるようがんばりたい。最後に，本書の発刊に際しては，限られた予算のなか，出版を快諾してくださり，多くの有益なご指摘をいただいた株式会社日本標準の郷田栄樹氏に心よりお礼申し上げたい。

2017年2月

鄭　谷心

引用・参考文献

1. 中国語文献
【書籍】
王建軍『中国近代教科書発展研究』関東教育出版社，1996年。
王暁秋『近代中日文化交流史』中華書局，1992年。
張香還『叶圣陶和他的世界（葉聖陶と彼の世界）』上海教育出版社，1995年。
夏弘寧編『夏丏尊記念文集』浙江省上虞市文学芸術界連合会，2001年。
夏弘寧『夏丏尊伝』中国青年出版社，2002年。
課程教材研究所編『20世紀中国中小学語文課程標準教学大網匯編─語文卷（20世紀中国における小・中学校教育課程基準・教育大綱──国語編）』人民教育出版社，2001年。
夏丏尊『夏丏尊文集・文心之集』浙江人民出版社，1983年。
夏丏尊『夏丏尊文集・平屋之集』浙江人民出版社，1983年。
夏丏尊『夏丏尊文集・訳文之集』浙江人民出版社，1984年。
夏丏尊『夏丏尊散文選集』欧阳文彬編，2004年。
夏丏尊・劉薰宇『文章作法』開明書店，1926年。
教育史教研組編『中国近代現代教育史』北京師範大学，1957年。
姜義華編『胡適学術文集・言語文字研究』中華書局，1993年。
経亨頤『経亨頤教育論著選』人民教育出版社，1993年。
言語文字編集委員会『中国大百科全書 語言・文字』中国大百科全書出版社，1988年。
孔範今主編『二十世紀中国文学史』山東文芸出版社，1997年。
洪北平・何仲英編『中等学校用白話文範』1920年。
顧黄初『顧黄初国語教育文集』人民教育出版社，1996年。
顧黄初『中国現代語文教育百年事典（中国現代国語教育百年事典）』上海教育出版社，2001年。
胡適『中国哲学史大綱』北大出版部，1919年。
胡適『嘗試集』北大出版部，1920年。
胡適『胡適文存一集』北大出版部，1921年。
胡適『胡適文存二集』亞東圖書館，1924年。
胡適『胡適文存三集』亞東圖書館，1930年。
胡適『胡適文選』亞東圖書館，1930年。
胡適『中国中古思想史長編』中国公学，1930年。
胡適『胡適論学近著』第1集，商務印書館，1935年。
胡適『胡適的時論』六芸書局，1948年。
胡適『胡適文存』第1集-第4集，遠東圖書公司，1953年。
胡適『胡適文存第一集』遠東圖書公司，1962年。
胡適著・姜義華主編『胡適学術文集・新文学運動』中華書局，1993年。
朱毓魁編『国文読本』中華書局，1920年。
周有光『中国語言的時代演進』清華大学出版社，1997年。
周予同『中國現代教育史』良友圖書印刷公司，1934年。

朱熹著・黎靖徳編『朱子語類』140巻，1270年。
商金林編『大家国学・叶圣陶』江蘇教育出版社，2008年。
徐如麟編『中国現代知名学者伝世文典』上巻，団結出版社，1999年。
生活・読書・新知三聯書店編『胡適思想批判：論文彙編』第1集-第8集，生活・読書・新知三聯書店，1955年。
蘇州叶圣陶実験小学編集委員会『葉聖陶教育名言集』蘇州叶圣陶実験小学校，2005年。
張洪鳴編『葉聖陶教育思想研究系列——継承，創造と発展』江蘇人民出版社，2007年。
張哲英『清末民国時期語文教育観念考察：以黎錦熙，胡适，叶圣陶為中心（清末民国時期の国語教育観に関する一考察：黎錦熙，胡適，葉聖陶を中心に）』福建教育出版社，2011年。
趙敏俐ほか編『中国古代文学通論』（先秦両漢巻）遼寧人民出版社，2005年。
陳学恂『中国近代教育史教学参考資料』上巻，人民教育出版社，1986年7月第1版，532-551頁。
陳衡哲『小雨点（小さな雨の滴）』新月書店，1928年。
陳青之『中国教育史』商務印書館，1936年。
陳必祥編『中国現代国語教育発展史』云南教育出版社，1987年。
陳平原編『現代中国』第3集，2003年。
鄭国民『従文言文到白話文教学——我国近現代語文教育的変革歴程』北京師範大学出版社，2000年。
デューイJ.『杜威三大講演』泰東図書館，1920年。
費錦昌主編『中国語文現代化百年記事』語文出版社，1997年。
余英時『中国近代思想史上的胡適』聯経出版社，1984年。
豊子愷『豊子愷文集』第6巻，浙江文芸出版社，1992年。
葉聖陶『作文論』商務印書館，1924年。
葉聖陶『倪煥之』人民文学出版社，1928年。
葉聖陶・夏丏尊『文章講話』開明書店，1928年。
葉聖陶・夏丏尊編『中学生』開明書店，1930年創刊。
葉聖陶『教育雑誌』第17巻第3号，商務印書館，1930年。
葉聖陶編・豊子愷絵『開明国語課本』上下巻，開明書店，1932年。
葉聖陶・夏丏尊・宋云彬・陳望道編『開明国語講義』第1-3巻，開明書店通信教育学校，1934年。
葉聖陶・夏丏尊『文心』（朱自清，序文），開明書店，1934年。
葉聖陶・夏丏尊『国文百八課（国語百八課）』4巻開明書店，1936-1938年。
葉聖陶『文章例話』開明書店，1937年。
葉聖陶・夏丏尊『閲読与写作（読むことと書くこと）』開明書店，1938年。
葉聖陶「国文随談（中学校国語に関する検討）」『文史教学』1941年。
葉聖陶・朱自清『精読指導挙隅』商務印書館，1942年。
葉聖陶『国文雑誌』文光書店，1942年。
葉聖陶・朱自清『国文教学』開明書店，1945年。
葉聖陶・朱自清『略読指導挙隅』商務印書館，1946年。
葉聖陶『開明書店20周年記念文集』開明書店，1947年。
葉聖陶『中学生手帳（中学生ハンドブック）』開明書店，1948年。
葉聖陶『開明文言読本』開明書店，1948年。

葉聖陶『小計十篇（雑文十編）』百花文芸出版社，1958 年。
葉聖陶『文章評改（文章批評と修正）』上海教育出版社，1979 年。
葉聖陶『叶圣陶語文教育論集（葉聖陶国語教育論集）』上下巻，中央教育科学研究所編，中央
　　教育出版社，1980 年。
葉聖陶『叶圣陶散文（葉聖陶随筆）』四川人民出版社，1983 年。
葉聖陶『叶圣陶散文乙集（葉聖陶随筆乙集）』生活・読書・新知三聯書店，1984 年。
葉聖陶『我和四川』四川人民出版社，1984 年。
葉聖陶『教育雑文第 1 巻，1922 年；教育雑文第 2 巻，1948 年；教育雑文第 3 巻，1962 年；
　　晴窓随筆，1984 年』江蘇教育出版社，1991 年。
葉聖陶『語文指導談話系列；文心』江蘇教育出版社，1992 年。
葉聖陶『国語課程与教材（国語教育課程と教材）』江蘇教育出版社，1993 年。
葉聖陶『写作教学；評改挙隅；文章病院（作文教育・批評と修正例・文章病院）』江蘇教育出
　　版社，1993 年。
葉聖陶『東帰日記』江蘇教育出版社，1994 年。
葉聖陶『文風和語法；文字改革和漢語規範』江蘇教育出版社，1994 年。
葉聖陶編・豊子愷絵『開明国語課本』下巻，上海科学技術文献出版社，2010 年。
李杏保・顧黄初編『中国現代語文教育史（中国現代国語教育史）』四川教育出版社，2004 年。
李達『胡適反動思想批判』湖北人民出版社，1955 年。
劉永康『西洋方法論と現代中国国語教育改革』人民教育出版社，2008 年。
劉晨『立達学園史論』団結出版社，2009 年。
劉錫漢編『中華長江文化体系』中国言実出版社・武漢出版社，2008 年。
劉増人編『叶圣陶研究資料』北京十月文芸出版社，1988 年。
劉増人『叶圣陶伝』東方出版社，2009 年。
梁啓超『中学以上作文教学法』中華書局，1925 年。
梁啓超『飲氷室合集』専集第 1 巻 - 第 10 巻，1936 年。
梁啓超『清代学術概論』中華書局，1954 年。
黎錦熙『新著国語教学法』商務印書館，1924 年

【論文・新聞・手紙】
魏建「文化仲介：日本近代文化之於前期創造社──五四西方文化「伝播」研究」『中国現代文
　　学研究叢刊』第 36 期，55-69 頁。
王従「叶圣陶語文教育思想的局限性（葉聖陶国語教育思想の限界）」『内蒙古教育』1999 年。
汪懋祖「禁習文言と強制読経」『時代公論』第 110 号，1934 年，56-61 頁。
王文川「懐念母校（母校の思い出）」『春暉中学六十周年校慶記念冊』1981 年，152-153 頁。
何永清「夏丏尊『文心』述要」『中国語文』第 454 期，1995 年。
何仲英「白話文教授問題」『教育雑誌』第 12 巻第 2 号，1920 年，1-15 頁。
何仲生「自然主義和中国"五四"文学革命」『紹興文理学院学報』2000 年，39-44 頁。
夏丏尊「教育的背景」『教育潮』第 1 巻第 1 期，第 2 期，1919 年。
夏丏尊「春暉的使命」『春暉』第 20 期，1923 年。
夏丏尊「受教育與受教材（教育を受けることと教材を受けること）」『中学生』第 4 号，1930 年。
夏丏尊「関於國文的学習（国語の学習に関して）」『中学生』第 11 号，1931 年。
夏丏尊「巻頭言」『中学生』第 29 号・第 43 号・第 49 号，1932 年。

夏丏尊「国文的学力検験（国語科における学力検定）」『中学生』第 46 号，1934 年，6-19 頁。
夏丏尊「再読『中学生的国文程度的討論』」『中学生』第 54 号，6-7 頁。
夏丏尊「魯迅翁回想録」『文学』1936 年 11 月。
夏丏尊「『自学』与『自己教育』」『中学生』第 71 号，1937 年，64-73 頁。
裘廷梁「論白話為維新之本（維新の根本は白話である）」『蘇報』1897 年。
経亨頤「純正教育之真義」1916 年講話（『経亨頤教育論著選』人民教育出版社，1993 年）。
経亨頤「最近の教育思潮」1917 年講演稿。
経亨頤「我国之人格」『教育週報』第 192 期，1918 年 3 月。
経亨頤「最近教育之三大主張」1919 年講演稿（『経亨頤教育論著選』人民教育出版社，1993 年に収録）。
胡尹民「中学生国文程度低落問題」『天風』第 11 期，1938 年，172-173 頁。
王克譲「我們拿什麼来写（私たちは何をもって書くのか？）」『中学生』第 51 号，1935 年，257-259 頁。
国語教育委員会「国語研究会討論進行」『申報』第 6 版，1917 年 3 月 17 日。
呉健敏「杜威的教育思想対 20 世紀中国教育改革的影響（デューイの教育思想が 20 世紀の中国に与えた影響）」『教育評論』2001 年 6 月。
顧黄初「叶聖陶語文教育活動七十年（葉聖陶国語教育活動 70 年）」『揚州師院学報』第 3-4 号，1982 年。
顧黄初「叶聖陶与漢語文教育課程建設」『教程・教材・教学方法』1990 年第 10 期，76-83 頁。
顧詩灵「中学生國文的我見」『中学生』第 56 号，1935 年，219-224 頁。
呉潜英「学習國文之経験」『中学生』第 51 号，1935 年，257-259 頁。
胡適「国語をわかりやすく教授するためにどうすればいいか」東アメリカ学生会論文，1915 年。
胡適「通信（陳独秀への手紙）」『新青年』第 2 巻第 2 号，1916 年，1-8 頁。
胡適「文学改良芻議」『新青年』第 2 巻第 5 号，1917 年，1-12 頁。
胡適「論小説及白話韻文」『新青年』第 4 巻第 1 号，1918 年。
胡適「建設的文学革命論」『新青年』第 4 巻第 4 号，1918 年。
胡適「談新詩」『星期評価』（新聞記事・双十節記念専号）1919 年 10 月 10 日付。
胡適「中学校国語教授」『新青年』第 8 巻 1 号，1920 年。
胡適「国語講習所同学録・序」『新青年』第 3 巻第 3 号，1921 年。
胡適「中学校の国語教学についての再検討」『晨報副鐫』（新聞の朝刊）1922 年 8 月 27 日付。
胡適「付録二　手紙への回答」『胡適文存』第 2 集 1 巻，亜東図書，1930 年，188-189 頁。
胡適「杜威先生と中国」『胡適文存』第 2 巻，遠東図書公司，1953 年，380-385 頁。
胡適「実験主義（1922 年）」『胡適文存』第 1 集，遠東図書公司，1962 年，291-380 頁。
胡適「胡適致陳独秀」『胡適来往書信選』上巻，中華書局（北京），1970 年。
蔡元培「デューイ 60 歳誕生日宴会での演説」『北京大学日刊』1919 年 10 月 22 日。
周作人「児歌之研究」『歌謡週刊』第 33 号-34 号，1914 年。
周作人「人的文学」『新青年』第 5 巻第 6 号，1918 年。
周作人「児童的文学」『新青年』第 8 巻第 4 号，1920 年。
周振甫「夏先生談中学語文教学」『中学語文教学』1986 年，6-7 頁。
朱自清「教育家夏丏尊先生」『朱自清散文全集』1946 年。
秦賢次「夏丏尊年表（上）」『文訊月刊』第 19 巻，1985 年，315-325 頁。
秦賢次「夏丏尊年表（下）」『文訊月刊』第 20 巻，1985 年，360-371 頁。

盛兆熊・胡適「文学改革の進行手続きに関する検討」『新青年』第4巻第5号，1918年。
宋畦「中高生対於国文科的粗忽及其補救」『中学生』第51号，1935年，266-269頁。
曹孚「実験主義教育学批判（プラグマディズム教育学への批判）」『人民教育』1955年5月号，3-25頁。
蘇遅「白馬湖作家在春暉中学的『新村運動』」『浙江月刊』第28巻第12期，1996年，25-28頁。
張志公「重温『国文百八課』再談語文教学科学化——為記念夏丏尊先生誕生百周年」『中学語文教学』1986年，4-5頁。
陳独秀「通信（編集者の一言）」『新青年』第3巻第2号，1917年，1-6頁。
デューイ J.「現代教育の動向」『民国日報』1920年。
匿名「付録一『清華週刊』記者からの手紙」『胡適文存』第2集1巻，亜東図書，1930年，186-188頁。
匿名「葉聖陶と甪直」『蘇州学報』1985年。
傅彬然「記夏丏尊先生」『文萃』文萃社，1946年。
尤墨君「中学生国語の前途における悲観」『中学生』第20号，1931年。
葉至善「給爆竹安上薬線——夏丏尊先生論「命題作文」」『中学語文教学』1986年6月，3-4頁。
葉聖陶「対于小学作文教授之意見（小学校作文教授に対する意見）」『新潮』第1巻第1号，新潮雑誌社，1919年。
葉聖陶「小学教育的改造（小学校教育の改造）」『新潮』新潮雑誌社，1919年。
葉聖陶「今日中国的小学教育（今日中国の小学校教育）」『新潮』第2号，商務印書館，1919年。
葉聖陶「小学国文教授的諸問題（小学校国語教育の諸問題）」『新潮』第3号，商務印書館，1922年。
葉聖陶「新学制初級中学校教育課程綱要（草案）」『教育雑誌』1923年5月1日。
葉聖陶「説話訓練（話す訓練）」『教育雑誌』第39巻，1924年。
葉聖陶「国文教学上的両個基本観念」『教育雑誌』1940年。
羅根澤「胡適の文学観点と研究方法への批判」『胡適思想批判：論文彙編』第2集，生活・読書・新知三聯書店，1955年，200-208頁。
李燕「五四新文化運動與語文教育的民主化科学化」『浙江学刊』第122期，2000年，153頁。
陸玉芹「五四新文化運動與人的解放」『塩城師範学院学報・哲学社会科学版』1999年，81-83頁。
立斎「也来談談中学生的国文（中高生の国語について話そう）」『中学生』第57号，1935年，180-182頁。
梁啓超「中国の韻文における情感」（清華大学講義）1922年。
梁啓超「飲氷室専集之七十　作文教学法」『飲氷室合集』上海中華書局，1936年，1-41頁。
梁啓超「梁啓超致胡適信」『梁啓超年譜長編』上海人民出版社，1983年。
梁啓超「付録三　評胡適之的『ある最低限度的国学書目』」『胡適文存』第2集1巻，亜東図書，1930年，190-196頁。
林淡秋「胡適の文学観批判」『人民教育』1955年5月号，239-247頁。

2. 日本語文献
【書籍】
五十嵐力『文章講話』早稲田大学出版部，1905年。
五十嵐力『新文章講話』早稲田大学出版部，1909年。
五十嵐力『作文三十三講』早稲田大学出版部，1913年。
今井誉次郎・峰地光重共著『学習指導のあゆみ――作文教育』東洋館出版社，1959年。
及川平治『分団式各科動的教育法』弘学館，1915年。
及川平治『分団式動的教育法』弘学館，1916年。
大芝孝「教育作家葉聖陶」『桃源』4 (3)，吉昌社，1949年。
河原和枝『子ども観の近代――『赤い鳥』と「童心」の思想』中公新書，1998年。
倉石武四郎編『葉聖陶文章例話』生活社，1944年。
胡適著・吉川幸次郎訳『胡適自伝』養徳社，1946年。
小林善文『中国近代教育の普及と改革に関する研究』汲古書院，2002年。
鈴木三重吉主刊『赤い鳥』1918-1936年。
鈴木三重吉『綴方読本』新潮文庫，1935年。
デューイ，J. 著・植田清次訳『思考の方法―いかにわれわれは思考するか―』春秋社，1955年。
デューイ，J. 著・松野安男訳『民主主義と教育』岩波書店，1975年。
中内敏夫『生活綴方成立史研究』明治図書出版，2000年。
中内敏夫『綴ると解くの弁証法―「赤い鳥」綴方から「綴読本」を経て―』渓水社，2012年。
中村光夫『明治・大正・昭和』岩波書店，1996年。
西口槌太郎『及川平治のカリキュラム改造論：動的教育課程の構成』黎明書房，1976年。
狭間直樹編『共同研究：梁啓超――西洋近代思想受容と明治日本』みすず書房，1999年。
林友春編『近世中國教育史研究：その文教政策と庶民教育』国土社，1958年。
増田渉『中国文学史研究――「文学革命」と前夜の人々』岩波書店，1967年。
松村明編『大辞林第三版』三省堂，2006年。
山口栄『胡適思想の研究』言叢社，2000年。
梁啓超著・小野和子訳『清代学術概論――中国のルネッサンス』平凡社東洋文庫，1974年。

【論文】
『赤い鳥―鈴木三重吉追悼号―』第12巻第3号，1936年，290-291頁。
浅田孝紀「作文教育史における五十嵐力の位置」『人文科教育研究』1991年，43-53頁。
五十嵐力「真実の文章」『文章世界』薫風号第7巻7号，1912年，1-3頁。
五十嵐力『新文章講話』早稲田大学出版部，1916年。
大塚繁樹「胡適の新詩論」『愛媛大学紀要』第2巻第1号，1954年。
大原信一「胡適と白話文・国語運動」『同志社外国文学研究』1992年，62-85頁。
勝又昌義「明治末における構想論 (1) ――五十嵐力『文章組織の五形式』」『東京学芸大学紀要 第2部門 人文科学』第18号，1967年，141-146頁。
勝又昌義「明治末における構想論 (1) ――五十嵐力『文章組織の五形式』続」『東京学芸大学紀要 第2部門 人文科学』第19号，1968年，208-212頁。
竹田復「胡適 (民國)」『中国の思想家 下巻 宇野哲人博士米寿記念論集』勁草書房，1963年。
鄭谷心「葉聖陶の国語教育葉聖陶の国語教育改革論に関する一考察―国民政府成立期に焦点をあてて―」(京都大学教育学研究科2012年度修士論文)。

鳥谷まゆみ「一九二〇年代中国における小品文形成と周作人，夏丏尊」『周作人と日中文化史』アジア遊学，2013 年，124-136 頁。

鳥谷まゆみ「白馬湖派小品文と春暉中学の作文教育―夏丏尊主編『文章作法』にみる 1920 年代初頭の小品文を中心に―」『野草』第 88 号，2011 年，35-58 頁。

成實朋子「中国国語教育研究―1920 年代を中心に―」『国語教育学研究誌』第 12 号，1992 年，1-21 頁。

成實朋子「中国近代国語教育の研究：葉聖陶の閲読教育論」『全国大学国語教育学会発表要旨集』，1994 年，46 頁。(同論文は『国語教育学研究誌』第 15 号，1994 年所収)

成實朋子「近代中国における作文教育論：葉聖陶『作文論』について」『国語教育学研究誌』第 20 号，1999 年，97-105 頁。

成實朋子「中華人民共和国建国前夜の少年雑誌――『開明少年』と葉聖陶」『学大国文』(47)，大阪教育大学国語教育講座・日本アジア言語文化講座，2004 年，57-72 頁。

成實朋子「中国の国語教育の昨日・今日・明日―求められる『教養』とは―」『中国児童文学』第 19 号，2009 年，30-44 頁。

野地潤家「中国の作文教育―夏丏尊・劉薫宇合編「文章作法」を中心に―」『教育学研究紀要 13』1958 年，133-135 頁。

野地潤家「旧制中学校の作文教育―五十嵐力博士のばあい―」『広島大学教育学部紀要　第二部』第 27 号，1978 年，1-11 頁。

南本義一「中国における国語科成立の状況―近代中国国語教育史研究ノート―」『福岡女子短大紀要』No.5，1972 年，1-19 頁。

南本義一「中国の国語教育 (3)：『命題作文』について」『福岡女子短大紀要』No.6，1973 年，39-50 頁。

山口栄「胡適と新文化運動」『岡山史学』国書刊行会，1971 年，65-79 頁。

山口栄「胡適の教育思想―デューイと胡適―」『日本デューイ学会紀要』第 39 号，1998 年，199-201 頁。

山下寛実「綴方運動における二つの生活―『赤い鳥』にみる「方言」導入と「生活」の発見―」『人間・エイジング・社会』2001 年，168-169 頁。

李春「デューイ訪中講演とキルパトリック訪中講演の比較：教育と生活の関係を中心に」『東京大学教育学部紀要』第 38 号，1999 年，433-441 頁。

3. 英語文献

Dewey, J., *How we think*. D. CHEATH & CO., PUBLISHERS, Boston New York Chicago, 1910.

Dewey, J., *Democracy and Education: an introduction to the philosophy of education*, Macmillan, 1916.

Hu, S., The Development of the Logic Method in Ancient China (Order No. 0128352, Columbia University) ,ProQuest Dissertations and Theses, 1927.

4. その他

文部科学省 文化審議会「これからの時代に求められる国語力について」2004 年 2 月。
http://www.mext.go.jp/b_menu/shingi/bunka/toushin/04020301.htm (2017 年 3 月 10 日確認)

文部科学省 中央教育審議会 初等中等教育分科会 教育課程部会 国語専門部会 第6回「資料4 国語教育の課題」2005年4月。
  http://www.mext.go.jp/b_menu/shingi/chukyo/chukyo3／011／siryo／05090901／004.htm（2017年3月10日確認）
文部科学省 中央教育審議会「2030年に向けた教育の在り方に関する第1回日本・OECD政策対話（報告）」『平成27年3月11日 教育課程企画特別部会 資料5』。
  http://www.mext.go.jp/b_menu/shingi/chukyo/chukyo3／053／siryo/__icsFiles/afieldfile/2015/04/21/1355915_05_1.pdf（2017年3月10日確認）
「70余年前の国語教科書が伝えるもの／特集　1930年代の国語教材がブームに」『中国新聞』2010年12月16日付。
鄭国民「小学国語教学的産生和発展（小学校国語教育の生成と発展）」中国基礎教育网，教育部基礎教育司，教育部基礎教育課程発展与研究中心，北京師範大学運営。

索　引

あ行

「ありのまま」の文芸性　99
鋳型教育　117
一師風潮　115, 173
一般陶冶　110, 111
異文化理解の力　136
「因材施教，因時制宜」の教育　109
「因時制宜」論　111
演説・弁論　67, 175
応用　162

か行

科学試験室的態度　15
科学性　173
科学的な基準　176
学習の転移　166
学制　iv, 25
学力観　107
学力像　132, 145, 146
学校即社会　14
課程主義　118
課程標準　5, 63, 86, 134, 173
涵泳　66
観察力　48, 172
鑑賞力　6, 31, 43, 68, 125, 132, 171
記述文　40, 41, 60, 80, 91, 152, 175
記述力　6, 48
北は南開，南は春暉　120
教育救国　56
教育三大主張　116
教育即生活　14
教育的側面　95
教育方法論　iii, 179
教学法　71
共同作文　155, 156
協同性と社会性　177
議論文　139
訓育一元論　73

形式主義　12, 19, 71, 97
形式陶冶　34, 112, 127, 166
芸術的価値　94, 98
形成的評価　177
系統性　173
言語教授論　74, 75, 76
建設的な文学革命論　21, 22
語彙の収集と比較　164
語彙の活用　138
語彙の理解　138
考証学　79
「語感」の育成　143
国学　43, 44, 134
　——の最低限度　46
国語　3, 4, 75
　——の根底　128
　——の統一　19, 23, 25
国語運動　31, 32, 48, 124, 151
国語学力　125, 126, 127, 128, 129, 131, 133, 136, 137, 138, 139, 145, 153, 167, 171, 176
国語学力低下論争　100, 172
国語的文学，文学的国語　20, 21, 22, 27, 64
国語力　iii, iv, 7, 83, 145, 153, 167, 168, 171, 172, 177, 178, 179
国語力低下論争　108
国故整理　63
古典教育　126, 127, 132
子ども像　89, 92, 94
誤謬観念　61
個別的教育　117
後［継］四大金剛　107
胡梁論争　48

さ行

最低限度の国学水準　44
作文教授論　35

193

作文の平民化・生活化　174
作文論　77
作品の到達標準　95
参考的価値　89, 92, 95, 96, 99
3段6歩法　73
自学　138
思考の訓練　78, 79, 80, 100, 177
思考力　125, 162
自己教育　138, 152
自己批正　81, 152
資質・能力　7, 53, 80, 107, 108, 163, 171, 177, 178
実業救国　128
実験主義　15, 16, 22
実質陶冶　110, 112, 162
実証的方法論　17, 80
実用文　2, 67, 77, 156, 176
実力　125
児童詩　92
児童中心　55, 57, 61, 71, 88, 100
児童文学　28, 30, 31, 48, 89, 172, 173
児童文学論　31
児童本位　30, 59, 61
自分を語ること　168
社会改良主義　56
社会の変革者　101, 173
自由作文　67
修辞　80
充実した生活　77, 78
10段階教授法　113, 114, 116, 167, 175
主観化　41
純正な教育　109, 110, 119
小学校教育の改造　58
情感教育　79
情感の育成　78, 79, 100
情感之文　79
常識　131, 137, 138
常識力　40
象徴記号　74
常備すべき本　46, 47
触発　160, 161, 162, 163, 164, 165, 166, 167, 168, 177

叙事文　139
自律的な学習者　174, 177
人格教育　109, 110, 111, 121, 125, 136, 167
人格形成　145, 168, 178
新学制（壬戌学制）　4, 123
真実（リアリズム）　114, 115, 116, 168, 172, 173, 174, 176
清代考証学　17
診断的評価　157
人的文学　28, 29, 172
真の知識　59
審美的（な）価値　25, 43, 171
新文化運動　14, 124
信頼性　17
随意選題　97, 141
推論力　43
生活像　94
生活綴方　97, 178
生活の充実　172, 176
精神上の革命　18
精読　66, 67
西洋の論理学　41
説明文　40, 139
潜在的なカリキュラム　174
総合的な学習　160
　　──の時間　167
創造的思考力　15, 48
創造的（な）智慧（Creative Intelligence）　15, 17, 35, 176
想像力（imagination）　21, 43, 125, 160, 162, 171, 176, 178

た行

妥当性　142, 144
探究的な活動　16
知育と訓育の一元論　65
知的栄養　85, 89, 92
知的中間層　133
注音符号　26
調和と発達　110
直観教授法　73, 76

同心円的拡大の原理　86
童心至上主義　94, 97
動的教育　119, 121, 123, 159, 167
陶冶　72
東洋自然主義　98
読書ノート　66, 67, 156, 157, 158, 159, 168

な行

二元論　13, 101
人間関係形成力　87
人間教育　145
人間形成　81, 146, 177
人間の調和と発達　145
年齢主義　117
能力別学級編成　117, 118

は行

白話　1, 6, 34, 39, 83, 114
　——教科書　27, 29, 83
　——小説　3, 40, 60
白話文　3, 31, 32, 38, 39, 60, 75, 78, 83, 86, 119, 123, 151
　——運動　4, 19, 22, 28, 31, 36, 48, 64
白話文学　17, 18, 19, 22, 23, 38, 171
発展　63
八不主義　20
反省的（な）経験　16, 22
判断　164
PISA（OECD生徒の学習到達度調査）　iii
批判的な思考　116, 173
批評力　43
評価規準　132, 159
標準語　75, 88, 95
復古主義　127, 132
プラグマティズム　12, 15, 17, 48, 55, 56, 57, 65
プロジェクト・メソッド　57, 71, 74
文学革命　3, 18, 20
文学的面白みに富んだ　84, 173
文学的国語　20

文学の価値　18, 40, 176
文学の鑑賞力　40
文学の充実　176
文学の魂　18, 40, 176
文言　1, 6, 39
文言文　60, 151
文章批評　120
文章表現力　iii, iv
文体　88
分団的教育　117
『文は人の如し』　144, 177
文法・修辞　152
文明開化　98
文話　150, 151, 152
方言　88, 95, 96
戊戌の変法　35

ま行

誠を求める　77, 78, 79, 80
媽媽（ママ）の教育　109
マルクス主義　12
葵卯学制　2
命題作文　67, 141
明瞭性　142, 143
　——の基準　143

や行

幼児教育　28
読むべき本　46, 47
読む力　132
四大金剛　107, 112, 115

ら行

略読　66
類比　164
歴史的態度　15
連想　164
論述文　40, 41
論理的思考力　11, 31, 60, 78, 100, 178
論理的な思考　174

● 著者紹介

鄭　谷心（てい こくしん・Zheng Guxin）
中国四川省出身。京都大学大学院教育学研究科博士後期課程修了。博士（教育学）。2015年より，東京学芸大学次世代教育研究推進機構助教。専門は教育方法学（カリキュラム論，教育評価論）。

主な著書に，『21世紀的日本教育改革——中日学者的視点』（共訳，教育科学出版社，2009年），『パフォーマンス評価入門——「真正の評価」論からの提案』（共訳，ミネルヴァ書房，2012年），『東アジア新時代の日本の教育——中国との対話』（共訳，京都大学学術出版会，2012年），『学習評価的挑戦：表現性評価在学校中的応用（学習評価の挑戦——学校におけるパフォーマンス評価の運用）』（単訳，華東師範大学出版社，2015年），『グローバル化時代の教育評価改革—日本・アジア・欧米を結ぶ—』（共著，日本標準，2016年），『21世紀の学習者と教育の4つの次元：知識，スキル，人間性，そしてメタ学習』（共訳，北大路書房，2016年），『教職教養講座第4巻 教育課程』（共著，協同出版，2017年）など。

近代中国における国語教育改革
―激動の時代に形成された資質・能力とは―

2017年3月30日　第1刷発行

著　者	鄭　谷心	
発行者	伊藤　潔	
発行所	株式会社 日本標準	
	〒167-0052　東京都杉並区南荻窪 3-31-18	
	電話 03-3334-2630［編集］　03-3334-2620［営業］	
	http://www.nipponhyojun.co.jp/	
印刷・製本	株式会社 リーブルテック	

Ⓒ Tei Kokushin 2017
ISBN 978-4-8208-0619-6
Printed in Japan

＊乱丁・落丁の場合はお取り替えいたします。
＊定価はカバーに表示してあります。